100 WERDEN

JÜNGER, GESÜNDER UND LEISTUNGSFÄHIGER

Gesunde Ernährung und ein aktiver Lifestyle
für ein langes und glückliches Leben

LUKE JAQUE RODNEY

Bibliografische Information der Deutschen Nationalbibliothek.

Die Deutsche Nationalbibliothek verzeichnet diese Publikation in der Deutschen Nationalbibliografie; detaillierte bibliografische Daten sind im Internet über http://dnb.dnb.de abrufbar.

Für Fragen und Anregungen:
info@eulogiaverlag.de

ISBN Hardcover: 978-3-96967-328-7
ISBN eBook: 978-3-96967-327-0

Originale Erstausgabe 2023

Eulogia Verlags GmbH
Gänsemarkt 43
20354 Hamburg

Lektorat: Sandra Pichler
Satz und Layout: Tomasz Dębowski
Umschlaggestaltung: Aleksandar Petrović

100 WERDEN

JÜNGER, GESÜNDER UND LEISTUNGSFÄHIGER

Gesunde Ernährung und ein aktiver Lifestyle
für ein langes und glückliches Leben

EULOGIA
VERLAG

INHALT

HINTER DER KAMERA

Cover Foto

Marius Henkel

Hochzeitsfotograf

marius.henkel@gmx.net

Lifestyle Fotos

Victoria Eisenberg

Management Luke Jaque-Rodney

victoriaeisenberg@gmx.de

Food Fotos

Luke Jaque-Rodney

lukejr@gmx.de

„Nimm das Lebensmittel so, wie es am Baum, Busch oder Feld wächst und mixe es mit Nüssen, Samen und Ölen in Rohkost-Quali."

LUKE JAQUE-RODNEY

100 WERDEN: GESÜNDER, JÜNGER & LEISTUNGSFÄHIGER

Wie schwer kann es sein? Wie schwer kann es sein, nicht nur ein langes Leben, sondern ein langes und gesundes Leben zu führen? Diese Frage stellte ich mir das erste Mal im Jahr 2015 und konnte sie mir seitdem jedes Jahr ein kleines Stück mehr beantworten.

Durch meine Reisen nach Japan, Ost-Afrika und Taiwan konnte ich mit Menschen sprechen, die sehr außergewöhnliche Lebensstile führten. So lernte ich von ihnen. Durch mein Sportstudium eignete ich mir Wissen über den Körper auf molekularer und anatomischer Ebene an. So konnte ich physiologische Prozesse nachvollziehen. Durch etliche Bücher, Studien und Videos lernte ich die Theorie hinter einem gesunden Lebensstil kennen. So erschuf ich mir eine theoretische Basis.

Durch das Ausprobieren am eigenen Körper prüfte ich, was sich in der Praxis davon auch wirklich gut anfühlt. So kreierte ich diese Lebensweise.

Das Ergebnis all dieser Recherchen hältst du nun in deinen Händen: *100 werden*. Mit diesem Buch übergebe ich dir 60 Rezepte, welche auf ganzen Lebensmitteln basieren und auf ihren Nährwert sowie auf ihr Aroma optimiert sind. Geschmack verbindet sich mit Gesundheit, Genuss mit Grundzutaten. Darüber hinaus erhältst du einen holistischen Ansatz, um deine Gesundheit und Leistungsfähigkeit zu verbessern, sowie Einblicke in meine persönlichen 100-werden-Strategien.

Danke, dass du mir dein Vertrauen schenkst.
Lass uns anfangen! ☺
Luke

GESÜNDER: DIE 7 BAUSTEINE DER 100 WERDEN DIÄT

Hast du dich schon mal gefragt, wieso manche Völker gesünder sind als andere? Wieso lebten die Okinawa-Japaner so viel länger als der restliche Teil Japans[1] und wieso steht ein Großteil der afrikanischen Länder ganz unten auf der Liste der weltweiten Krebsraten?[2]

Auf meinen Reisen nach Japan, Indien und Tansania habe ich in der letzten Dekade vieles bezüglich eines gesunden Lebensstils beobachten und lernen können. Ich habe mit alten, leistungsfähigen Masai in Afrika sowie mit jugendlich aussehenden japanischen Hausfrauen in Kyoto darüber gesprochen, wie sie eine gesunde Lebensform praktizieren.

Darüber hinaus habe ich während meines Sportstudiums gelernt, Studien zu beurteilen und deren Ergebnisse in der Praxis an mir selbst auszuprobieren.

Das Ergebnis daraus präsentiere ich dir in den folgenden 7 Bausteinen eines gesunden Körpers.

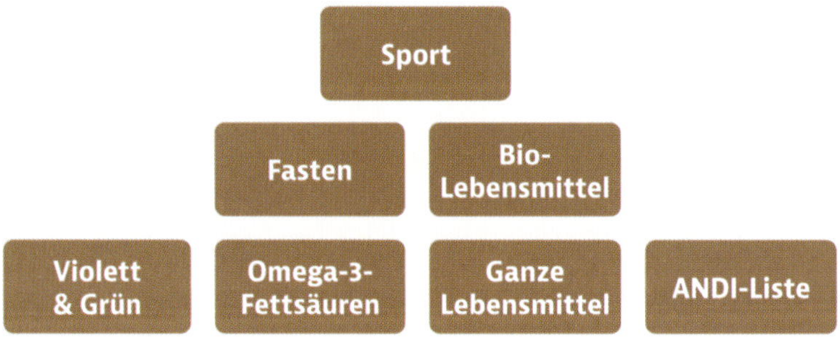

Baustein 1: Die ANDI-Liste

Die ANDI-Liste nach Dr. Joel Fuhrman steht für den *Aggregate Nutrient Density Index* und beschreibt, wie viel Nährstoffe ein Lebensmittel pro Kalorien liefert.

Umso höher der Score, umso mehr Nährstoffe bringt das Lebensmittel mit sich. Das Wort Nährstoffe bezieht sich auf Vitamine, Mineralstoffe, Ballaststoffe, Antioxidantien und sekundäre Pflanzenstoffe.

Es ist sinnvoll, sich an Lebensmitteln zu bedienen, deren Score innerhalb ihrer Lebensmittelgruppe am höchsten liegt.

So erreichen Grünkohl, Wasserkresse und Mangold als einzige drei Lebensmittel die vollen 1000 Punkte. Aber auch Spinat, Chinakohl, Rucola, Basilikum und Möhren lassen sich durchaus sehen.

Du solltest dich nicht religiös an diese Liste halten, aber sie kann dir im Alltag als Anhaltspunkt dienen.

Wenn du dir das nächste Mal einen Salat zubereitest, weißt du, dass Grünkohl doppelt so viele Nährstoffe hat wie Weißkohl und dass deine Erdbeeren im Smoothie eine doppelt so hohe Nährstoffdichte haben wie Orangen.

Zu beachten gilt jedoch, dass sich die Liste nicht auf die Grammzahl, sondern die Kalorien bezieht. Chiasamen, Leinsamen und Co. schneiden hier vergleichsweise schlecht ab. Das liegt jedoch daran, dass 100 Kalorien aus Chiasamen recht schnell weggesnackt werden können; da reicht 1 gehäufter Esslöffel. Um 100 Kalorien aus Grünkohl zu essen, musst du jedoch eine viel größere Menge essen (ca. 200 g). So erhöht sich natürlich auch die Menge an Nährstoffen.

Würde man 200 g Chiasamen essen, würde natürlich auch hier der Wert stark nach oben korrigiert werden müssen. Du findet die ANDI Liste auf der nachfolgenden Seite.

Baustein 2: Violett & Grün

Morgens Aronal, abends ...? Ne, anders: Morgens violett, abends grün.

Violette und grüne Lebensmittel sind Wunderwaffen in puncto Gesundheit und Vitalität. So geht man davon aus, dass der tägliche Verzehr violetter Lebensmittel unser Risiko für Herzerkrankungen und Krebs senken kann und unseren Alterungsprozess verlangsamt.[3 4]

Grund dafür sind die in violetten Lebensmitteln reichlich vorkommenden Anthocyane, eine Gruppe der Antioxidantien.

Ich merke mir das Ganze so: Alle Früchte, die intensiv auf meinem weißen T-Shirt abfärben, wenn ich mich bekleckere, sind maximal gesund.

ANDI-Liste[5]

Nährstoffgehalt/Kalorien

Gemüse		Früchte		Hülsenfrüchte	
Grünkohl	1000	**Wassermelone**	207	**Edamame**	98
Mangold Grün & Bunt	1000	**Cranberry** frisch	207	**Pintobohnen**	86
Wasserkresse	1000	**Erdbeeren**	182	**Tofu**	82
Pak Choi	865	**Brombeeren**	171	**Adzukibohnen**	74
Chinakohl	714	**Himbeeren**	133	**Linsen**	72
Spinat	707	**Blaubeeren**	132	**Limabohnen**	69
Rucola	604	**Guave**	125	**Kidneybohnen**	64
Grüner Salat	585	**Grapefruit**	125	**Schwarze Bohnen**	61
Chicorée	516	**Trauben**	119	**Kichererbsen**	55
Rettich	502	**Granatapfel**	119	**Nüsse/Samen**	
Rüben	473	**Melone** Cantaloupe	118	**Leinsamen** braun und gold	103
Karotten	458	**Pflaumen**	106	**Sesamsamen**	74
Kürbis	444	**Orangen**	98	**Sonnenblumenkerne**	64
Weißkohl	434	**Mandarinen**	86	**Erdnüsse**	59
Paprika Gelb & Orange	371	**Aprikosen**	75	**Chiasamen** weiß und schwar	46
Kohlrabi	352	**Kräuter**		**Kürbiskerne**	39
Brokkoli	340	**Basilikum**	518	**Pistazien**	37
Blumenkohl	315	**Koriander**	481	**Esskastanien**	34
Kohlrübe Gelb	296	**Minze**	457	**Haselnüsse**	34
		Estragon	426		
		Oregano	426		
		Thymian	422		
		Petersilie	381		
		Dill	326		
		Schnittlauch	319		
		Pfefferminze	293		
		Lorbeer	271		
		Rosmarin	84		
		Zitronengras	55		

Zur Gruppe der violetten Lebensmittel gehören u. a.:

- Schwarze Maulbeeren
- Kirschen
- Blaubeeren
- Açaíbeeren
- Cranberrys
- Gojibeeren
- Aroniabeeren
- Granatäpfel
- Feigen
- Zwetschgen
- Holunderbeeren
- Brombeeren
- Erdbeeren
- Himbeeren
- Rote Trauben
- Pflaumen
- Rote Zwiebeln
- Violette Süßkartoffeln
- Rote Beete
- Rotkohl
- Auberginen
- Blaue Kartoffeln
- Violetter Schnittlauch
- Violetter Kohlrabi
- Dunkle Schokolade
- Schwarzer Reis
- Schwarze Linsen
- Schwarze Bohnen
- Schwarze Oliven
- Schwarzer Kaffee

Die Basis meiner Frühstücksschale bilden daher meist schwarze Maulbeeren oder Gojibeeren, wilde Blaubeeren, Açaí und saisonale Früchte wie Erdbeeren oder frisch gepflückte wilde Brombeeren aus den Waldgebieten von nebenan.

Grüne Lebensmittel sind so wertvoll für deine Gesundheit wegen des sekundären Pflanzenstoffs Chlorophyll. Dieser Pflanzenstoff bzw. Farbstoff ist bei Pflanzen für die grüne Farbe verantwortlich und wird insbesondere in unbehandeltem Bio-Grün in hohen Konzentrationen gebildet.

Das liegt daran, dass Pflanzen sekundäre Pflanzenstoffe als Schutz vor Fressfeinden bilden. Der Bio-Spinat, der auf sich alleine gestellt ist, bildet davon natürlich mehr als der bespritzte, behütete konventionelle Spinat, welcher nicht selbst ums Überleben kämpfen muss.

Auch wenn sekundäre Pflanzenstoffe für uns Menschen nicht überlebensnotwendig sind, liefern sie uns großartige gesundheitliche Vorteile.[6]

Ich beobachte die Effekte regelmäßig am eigenen Körper. Trinke ich zum Frühstück über mehrere Tage einen großen grünen Smoothie und esse abends zu meiner Hauptmahlzeit ein paar Handvoll Salatblätter, bin ich wacher, fokussierter und leistungsfähiger – auch ohne meinen Usucha-Matcha oder Espresso. ;-)

Zur Gruppe der grünen Lebensmittel gehören u. a.:

- Spinat
- Mangold
- Grünkohl
- Feldsalat
- Rucola
- Kopfsalat
- Chicorée
- Pak Choi
- Sellerie
- Wildkräuter
- Möhren-Grün
- Rote-Bete-Grün
- Brokkoli
- Spitzkohl
- Chinakohl
- Rosenkohl
- Wirsing
- Kresse
- Gurke
- Grüner Spargel
- Basilikum
- Petersilie
- Koriander
- Dill
- Lauchzwiebeln
- Matcha
- Chlorella
- Sprirulina
- Weizengras
- Gerstengras

Baustein 3: Fasten

„Wenn eine Krankheit durch Fasten nicht geheilt werden kann, kann sie wahrscheinlich überhaupt nicht geheilt werden." – überlieferte Weisheit.

Ob diese Weisheit zu 100 % stimmt, möchte ich an dieser Stelle nicht beurteilen.

Fakt ist jedoch, dass das Fasten für viele (nicht alle) eine großartige Sache ist.

Leider werden wir immer noch im Glauben gelassen, unser Körper ginge kaputt, sobald wir ihm für mehrere Stunden keine Nahrung zuführten. Aber wer einmal für länger als 18 Stunden gefastet hat, weiß, dass genau das Gegenteil der Fall sein kann.

Die Klarheit, der Fokus und die Leistungsfähigkeit, die der Körper nach einer längeren Fastenperiode erlangt, sind unbeschreiblich.

2018 habe ich einen Triathlonwettkampf komplett nüchtern im Fastenzustand bestritten und wurde nach dem Rennen als Drittbester meiner Altersklasse aufs Podest gebeten. Du solltest dich aber langsam rantasten und auf deinen Körper hören. Auch für Teenager, Schwangere und Menschen, die ein gestörtes oder ungesundes Verhältnis zu Essen haben, ist das Fasten mit Vorsicht zu genießen.

Bei Frauen scheint es im Allgemeinen so, dass sie sich langsamer rantasten sollten als Männer. Eine gute Strategie scheint es zu sein, mit 12 Stunden zu beginnen, und alle 1–2 Wochen auf eine Stunde zu erhöhen.

Aber was passiert beim Fasten genau?

Nimmst du für 15–16 Stunden keine Nahrung zu dir, startet in deinem Körper der Prozess der Autophagie.[7]

Während der Autophagie isst der Körper sich selbst auf. Er recycelt nicht benötigte und krankhafte Zellbestandteile und erneuert sich selbst.

Für diese Entdeckung wurde 2016 der Nobelpreis an den Japaner Yoshinori Ōsumi verliehen, welcher entdeckte, dass sich unsere Zellen durch den Prozess der Autophagie schneller erholen.

Wichtig ist, dass du während des Fastens nichts zu dir nimmst, das dein Insulin triggert, also nichts mit Kalorien. Selbst der Flat White am Morgen kann die Autophagie unterbrechen, während schwarzer Kaffee, Espresso, Usucha-Matcha und Sport die Autophagie hingegen intensivieren können. Auch Apfelessig und Zitronenwasser sind okay.

Zusätzlich kann der Verzehr einiger Lebensmittel wie Sprossen, Pilze, Blumenkohl und Brokkoli (am Abend vorher gegessen) durchaus sinnvoll sein. Sie alle enthalten Spermidin, ein biogenes Polyamin, welches die Autophagie anregt.

Ob du nun 16, 17 oder 18 Stunden fastest, bleibt dir überlassen. Auch die Periode der Nahrungszufuhr solltest du an deine individuellen Bedürfnisse und deinen Alltag anpassen. Ich esse aktuell von 08:00 bis 14:00 Uhr und faste den Rest des Tages.

Wer nicht jeden Tag 16 Stunden fasten möchte, der kann auch einmal die Woche für 24 Stunden fasten; das bringt ähnliche Effekte mit sich.

Baustein 4: Bio-Lebensmittel

Wir Menschen sind so genährt wie die Pflanzen, die wir essen, und die Pflanzen sind so genährt wie die Böden, auf denen sie wachsen.

Für die Biodiversität unseres Planeten und die Gesundheit der Menschen sollte Bio so oft es geht im Einkaufswagen landen.

Leider leben wir in einem System, in dem sich viele Menschen hochwertige Bio-Lebensmittel nicht leisten können; das finde ich schade.

Dennoch möchte ich dich dazu ermutigen, öfter mal im Bioladen stöbern zu gehen – du findest dort oft richtige Schätze! Violette Möhren, Mini-Pilze, schwarze Tomaten und wunderbar unperfekte, aber voll aromatische, alte Apfelsorten.

Auch die in diesem Buch so oft erwähnten sekundären Pflanzenstoffe sind in Bio-Lebensmitteln in deutlich größeren Mengen enthalten. Das ist kein esoterischer Quatsch, sondern simple Logik: Sekundäre Pflanzenstoffe bildet die Pflanze, um freundliche Insekten anzulocken und um Schädlinge fernzuhalten. Ist die Bio-Tomate in diesem Punkt auf sich alleine gestellt, wird sie automatisch mehr von diesen Pflanzenstoffen bilden.

Das macht sich bemerkbar durch das Aroma und den Duft der Pflanze, denn in der Natur geht Aroma meistens mit Nährstoffdichte einher. Ich denke, jeder, der schon mal an einem vollreifen Brombeerstrauch vorbeigegangen ist und dessen Duft wahrgenommen hat, kann das nachvollziehen.

Baustein 5: Omega-3-Fettsäuren

Back in the days zu Buschzeiten hatten wir Menschen ein noch recht ausgeglichenes Omega-3-zu-Omega-6-Verhältnis.

Heute ist dieses Verhältnis durch den hohen Verzehr an minderwertigem Fleisch, billigen Speiseölen und dem geringen Konsum Omega-3-haltiger Samen und Grünzeug jedoch völlig aus dem Ruder gelaufen.

Selbst Vegetarier und Veganer erreichen durch den hohen Konsum von Nussmusen und Nüssen meist keine besseren Werte.

Die 100-werden-Diät zielt deshalb darauf ab, dieses Verhältnis wieder ins Gleichgewicht zu bringen.

Nachdem alle Beeren in meiner Porridge-Schale Platz genommen haben, trudeln – bevor ich die Haferflocken auch nur ansehe – meine vier Omega-3-Kandidaten ein: Hanfsamen, Leinsamen, Walnüsse und mein Algenöl (wobei ich das Algenöl separat einnehme).

Das Problem an zu viel Omega-6 und zu wenig Omega-3 ist, dass dadurch Entzündungen im Körper entstehen. Auch wenn Entzündungen eine natürliche Antwort des Körpers sind und somit einen unentbehrlichen Prozess für die Gesundheit darstellen,[8] kann dieser Zustand langfristig zu Problemen führen.

So geht eine chronische Entzündung des Körpers mit der Entstehung von beinahe allen Zivilisationskrankheiten einher, die wir kennen.[9]

Neben Hanf-, Chia- und Leinsamen sind in fettreichen Seefischen wie Lachs, Hering und Thunfisch viele Omega-3-Fette enthalten. Auch das Fleisch von grasgefütterten Kühen hat ein deutlich günstigeres Fettsäureprofil als jenes von Kühen, welche Getreide gefressen haben. Bei Nüssen sind Walnüsse die erste Wahl und wer reichlich Grünzeug futtert, tut ebenfalls viel für die Balance.

Solltest du keinen Fisch essen, empfehle ich dir, ein auf Schadstoffe geprüftes Algenöl zu dir zu nehmen, denn die Omega-3-Fettesäuren EPA und DHA können nur schwer aus Samen und Leinöl umgewandelt werden.

Kleine Fische bekommen ihr Omega-3 ebenfalls aus Algen und große Fische bekommen es dadurch, dass sie die kleinen Fische essen. Ich bediene mich deshalb ganz unten an der Nahrungskette, lasse den Fisch in Ruhe und nehme mein Omega-3 direkt aus der Alge.

Das Algenöl, welches ich empfehle, findest du am Ende des Buches in den Bezugsquellen.

Verhältnis von Omega-3- zu Omega-6-Fettsäuren ausgewählter Lebensmittel[10]

Chiasamen	3:1
Leinsamen	4:1
Hanfsamen	3:1
Walnüsse	1:4
Leinöl	4:1
Lachs, wild	5:1
Sardinen, in Wasser eingelegt	13:1
Thunfisch, in Wasser eingelegt	13:1

* Zahlen aufgerundet

Baustein 6: Sport

Während meines Sportstudiums lernte ich den Begriff des gesundheitsfördernden Krafttrainings kennen. Er beschreibt, dass du nie mehr als 80 % gibst.

Diese Idee gefiel mir und ich recherchierte etwas dazu.

Tatsächlich ist es so, dass moderates Training in Kombination mit einer Kalorienrestriktion (z. B. Fasten) und vitalstoffreicher Ernährung das Beste ist, was wir tun können, um jung und fit zu bleiben.

Dabei liegen die Vorteile von täglichem Training auf der Hand: gesteigertes Wohlbefinden, Reduktion von Stress und Angstzuständen[11][12], knackige Figur durch mehr Muskelmasse[13], erhöhte Knochendichte[14] und eine Absenkung des Blutdrucks[15] sowie deiner Gesamt-Cholesterin-Werte[16].

Morgens direkt eine Runde durch den Park joggen oder Bahnen im Schwimmbad ziehen und ich bin energiegeladen für den Tag. Auch schläft es sich bei regelmäßigem Sport besser, der Stoffwechsel wird angekurbelt und das echte Hungergefühl steigt.

Welche Sportarten ich aus gesundheitlicher Sicht empfehle, erfährst du im Kapitel „Sport, use it or lose it".

Baustein 7: Ganze Lebensmittel

Der letzte und wichtigste Baustein der 100-werden-Diät ist, sich von ganzen Lebensmitteln zu ernähren. Mit ganzen Lebensmitteln meine ich jene, wie sie am Baum, Busch, im Wasser oder auf dem Feld wachsen.

Ein ganzes gekochtes Weizenkorn löst in deinem Körper völlig andere Prozesse aus als das helle Brötchen, bestehend aus weißem geschältem Weizen.

Auch die Erdbeere wirkt anders als die gezuckerte und lang gekochte Erdbeermarmelade.

Das heißt jedoch nicht, dass alle verarbeiteten Produkte schlecht sind.

Rohes Kokosmus, Haferflocken, Olivenöl und ungezuckerte sonnengetrocknete Trockenfrüchte sind ebenfalls verarbeitet, jedoch bleibt entweder das ganze Lebensmittel weitestgehend erhalten oder die wertvollen Nährstoffe werden aus kulinarischen Zwecken extrahiert – wie bei einem Olivenöl.

Es gibt viele Ernährungsformen: von Low-Carb über Low-Fat bis hin zu vegan, vegetarisch und Paleo.

Jede dieser Formen hat sicher seine Berechtigung, aber die eine Variable, die alle gemeinsam haben, ist, dass sie den Verzehr von ganzen, naturbelassenen Lebensmitteln empfehlen.

JÜNGER: ANTIOXIDANTIEN & NEUTRAZEUTIKA

Die Theorie der freien Radikale

Es gibt verschiedene Theorien, die zu erklären versuchen, wie der Mensch altert. Eine der populärsten ist die *free radical theory*. Sie besagt, dass unsere Zellen durch ein Vorkommen an freien Radikalen auf molekularer Ebene geschädigt werden.

Freie Radikale kannst du dir vorstellen wie einen schlecht gelaunten und einsamen Clubbesucher, der frustriert ist und versucht, den anderen Männern ihre Frauen wegzunehmen. Er ist dabei ziemlich aggressiv und kennt keine Skrupel.

Genau dasselbe machen freie Radikale in unserem Körper. Sie suchen ein für sich fehlendes Elektron und können dabei deine DNA und somit die Erbinformation deiner Zelle schädigen. Ihnen ist egal, woher sie dieses Elektron bekommen; Hauptsache, sie kriegen es. Auf Dauer führt das zu einer Veränderung der Zellstruktur; somit altert der Körper schneller und erkrankt im schlimmsten Fall an Krebs. Doch wie entstehen freie Radikale?

Freie Radikale entstehen hauptsächlich durch oxidativen Stress. Dieser Stress wird hervorgerufen durch Umweltgifte, extremes Training, psychischen Stress, UV-Strahlungen, Elektrosmog, Pestizide, schlechte Ernährung, Alkohol und Drogen.

Hierin könnte auch ein Geheimnis der Langlebigkeit verschiedener abgelegener Dörfer Italiens oder Bulgariens liegen. Das Leben auf dem Dorf ist oft langsamer, es gibt weniger Elektrosmog und die Luft ist klarer als in der Stadt.
Du siehst, es kommen also viele Faktoren zusammen.

Antioxidantien & Neutrazeutika

Doch zum Glück hat der Körper eine natürliche Wunderwaffe gegen freie Radikale entwickelt: Antioxidantien.

Antioxidantien haben als Radikalfänger eine wichtige Bedeutung für unseren Alterungsprozess. Sie sind in der Lage, ein fehlendes Elektron an ein freies Radikal abzugeben. So schützen sie unser Erbgut und verlangsamen in der Praxis unsere Alterung.

Solche Antioxidantien bildet der Körper im Normalfall von selbst. Damals dachte ich immer, ich müsste nach dem Sport eine extra Portion Antioxidantien zu mir nehmen, bis ich herausfand, dass der Körper mehr Antioxidantien bildet, umso mehr Radikale auf natürliche Weise entstehen.

Dennoch hat der Körper auch hier seinen Peak Point (also ein Limit), deshalb ergibt es Sinn, dem Körper täglich eine extra Portion Antioxidantien zuzufügen.

Im Folgenden findest du eine Tabelle ausgewählter Antioxidantien (ohne Anspruch auf Vollständigkeit):

Liste an Antioxidantien

Vitamin C **z. B. Paprika & Orange**
Vitamin E **z. B. Sonnenblumenkerne & Leinsamen**
Zink **z. B. Hanfsamen**
Selen **z. B. in rohem Kokosmus, Sesam**
Anthocyane **z. B. in wilden Blaubeeren**
Glutathion **bildet der Körper selbst**
Allicin **z. B. in rohem Knoblauch**
Beta-Carotin **z. B. in Grünkohl & Süßkartoffeln**
Lycopin **z. B. in Wassermelone & Tomate**
Sulforaphan **z. B. in rohem Brokkoli & Brokkolisprossen**
Melatonon **bildet der Körper selbst**
Oleuropein: **z.B. in Olivenöl**

Der ORAC-Wert

Beinahe jedes Lebensmittel liefert dem Körper Antioxidantien. Um die antioxidative Kapazität eines Lebensmittels für den Körper zu messen, gibt es einen Richtwert: den ORAC-Wert. ORAC steht für *Oxigen Radical Absorbance Capacity* und beschreibt die Fähigkeit, Sauerstoffradikale abzufangen. Umso höher der Wert, umso höher die Fähigkeit, freie Radikale zu binden und somit unschädlich für unsere Zellmembran zu machen.

Die FDA empfiehlt, täglich 3000–5000 ORAC-Einheiten zu sich zu nehmen. Mit der 100-werden-Diät wirst du diese Werte allein schon beim Frühstück locker toppen. Ich esse insbesondere zum Frühstück eine reichhaltige Menge an Antioxidantien, um direkt am Morgen vor oxidativem Stress wie UV-Licht geschützt zu sein. Wilde Blaubeeren, Roh-Schokolade und Zimt sind ein fester Bestandteil meiner Morgenroutine.

Hier eine Liste der ORAC-reichsten Lebensmittel kategorisiert nach Lebensmittelgruppen, an denen du dich im Alltag orientieren kannst. Die Zahlen beziehen sich auf eine Menge von 100 g je verzehrtem Lebensmittel.

ORAC-Liste[17,18]

ORAC Gewürze & Kräuter	
1. Nelken	314.446
2. Zimt	267.536
3. Oregano	200.129
4. Kurkuma	159.227
5. Kakao, ungesüßt	80.933
6. Kreuzkümmel	76.800
7. Petersilie, getrocknet	74.349
8. Basilikum, getrocknet	67.553
9. Curry	48.504
10. Salbei	32.004

ORAC Hülsenfrüchte	
1. Kidneybohne	8.459
2. Pinke Bohne	8.320
3. Schwarze Bohne	8.040
4. Pinto-Bohne	7.779
5. Linse	7.282
6. Sojabohne	5.764
7. Erbse, grün & gefroren	600

ORAC Gemüse	
1. Artischocken	9.416
2. Knoblauch	5.346
2. Rotkohl	3.145
3. Brokkoli	3.083
4. Radicchio	2.380
5. Süßkartoffel, mit Schale	2.115
6. Spargel, gekocht	1.515
7. Spinat, roh	1.260
8. Kartoffeln, weiß mit Schale	1.058
9. Zwiebeln, roh	1.034
10. Paprika, orange	984
11. Paprika, gelb	965
12. Romanasalat	963
13. Alfalfa-Sprossen	930

ORAC Nüsse	
1. Pekannuss	17.940
2. Walnuss	13.541
3. Haselnuss	9.645
4. Pistazie	7.983
5. Mandel	4.454
6. Erdnuss	3.166

ORAC Getränke	
1. Wein, Cabernet Sauvignon	5.034
2. Rotwein	3.873
3. Blaubeersaft	2.906
4. Grapefruitsaft	2.377
5. Granatapfelsaft	2.341

ORAC Früchte	
1. Açaíbeere, tiefgekühlt	102.700
2. Maquia-Beere, Pulver	75.000
3. Gojibeere, getrocknet	25.300
4. Aroniabeere, getrocknet	14.697
5. Wilde Blaubeere	9.300
6. Blaubeere	6.552
7. Brombeere	5.347
8. Dattel, Deglet Nour	3.895
9. Erdbeere, roh	3.577
10. Kirsche, süß	3.365
11. Apfel, mit Schale	3.082
12. Orange, Navel	1.819

ORAC Superfoods	
1. Chaga-Pilz, Pulver	146.700
2. Matcha-Tee, Pulver	138.400
3. Roh-Kakao, Pulver	95.000
4. Kakaonibs, roh	62.100

Die wichtigsten Pflanzenstoffe für ein langes Leben

Die Ernährung hat einen großen Einfluss darauf, wie lange dein Körper jung und aktiv bleibt. Wenn ich von „jung" rede, spreche ich dabei nicht von Falten oder grauem Haar, sondern von einer optimalen Funktionalität der 5 wichtigsten Grundsysteme deines Körpers und deiner Gesundheit.[19]

- **Deine Darmgesundheit und dein Mikrobiom**
- **Dein Immunsystem**
- **Deine Mitochondrien**
- **Dein Entgiftungssystem**
- **Deine Muskeln, Knochen und Zellen**

Eine Ernährung reich an Ballaststoffen, Omega-3-Fettsäuren, hochwertigem Protein, sekundären Pflanzenstoffen und arm an hoch glykämischen Kohlenhydraten und raffinierten Fetten ist das Beste, was du tun kannst, um alle 5 Systeme lebenslang gesund, funktionsfähig und stark zu halten. Lass uns die einzelnen Systeme kurz beleuchten.

Deine Darmgesundheit und dein Mikrobiom

Deine Darmgesundheit besteht im Wesentlichen aus 2 Eckpfeilern: erstens, wie viele gute Bakterien sich in deinem Darm ansiedeln, und zweitens, wie wenig von den bösen Jungs sich da unten rumtummeln. Die bösen Jungs wiederum vermehren sich aus exakt zwei Gründen: erstens, du gibst den guten Jungs nicht genug zu essen (Ballaststoffe in Form von Äpfeln, Linsen, Nüssen, Samen, ...), und zweitens, du gibst den bösen Jungs zu viel zu essen (Zucker und konzentrierte Stärke in Form von Softdrinks, hellen Brötchen, Süßigkeiten und Fast Food, ...).

Das Ziel sollte sein, ein Darmmilieu (Mikrobiom) zu erschaffen, welches überwiegend aus guten Darmbakterien besteht, die für und nicht gegen dich arbeiten.

Der alleinige Verzicht auf industriell gefertigte Lebensmittel, raffinierte und erhitzte Öle sowie Fast Food ist ein großer Schritt in Richtung Darmgesundheit.

Iss zusätzlich reichlich Leinsamen, Chiasamen und Hanfsamen. Diese liefern nicht nur die höchste Menge an Ballaststoffen, sondern sind zudem reich an Omega-3-Fettsäuren.

Wichtig ist jedoch, deine Samen vor dem Verzehr zu mahlen oder zu schroten. So werden nicht nur die Omega-3-Fette, sondern auch die Proteine und Mineralstoffe deutlich besser aufgenommen.[20]

Leinsamen sind in diesem Fall noch besser als Chiasamen.

Woran liegt das?

Ballaststoffe unterteilen sich in lösliche und unlösliche Ballaststoffe. Die unlöslichen Ballaststoffe sind im Wesentlichen dazu da, das Essen durch deinen Darm zu schleusen und alles mitzunehmen, was geht. Sie sind wichtig für die eine gute Verdauung und das allgemeine Darmwohl. Lösliche Ballaststoffe hingegen dienen deinen Darmbakterien als Futter und führen dazu, dass sich insbesondere die Diversität deiner Darmbakterien erhöht.

Deshalb ist es so wichtig, reichlich lösliche Ballaststoffe zu dir zu nehmen. Leinsamen haben pro 100 g zwar einen etwas geringeren Gesamtballaststoff-Anteil, liefern jedoch deutlich mehr lösliche Ballaststoffe als Chiasamen. Das Argument, dass Leinsamen die „heimische Alternative sind", zieht dabei nicht immer. So kommen Leinsamen nicht selten aus Ägypten, den USA oder Indien – auch im Bio-Bereich. Du findest aber auch viele aus EU-Landwirtschaft; achte dort also gerne darauf. Weitere tolle Quellen für lösliche Ballaststoffe sind Haferflocken, Haferkleie, Äpfel, Möhren, Avocados und schwarze Bohnen. Yaconsirup ist ebenfalls eine hervorragende Quelle für lösliche Ballaststoffe, deshalb empfehle ich ihn auch so gerne und nutze ihn täglich als „Süßungsmittel". „ Süßungsmittel" deshalb, weil man bei 34 g Ballaststoffen eher von einem ganzen Lebensmittel sprechen sollte als von einem Süßungsmittel. Achte darauf, dass er unverdünnt ist und Rohkost Qualität hat. Meine Empfehlung ist hinten in den Bezugsquellen im Buch verlinkt.

Probiotische Lebensmittel wie fermentiertes Gemüse, Miso, Gari, Natto, aber auch Kefir und (pflanzlicher) Joghurt helfen ebenfalls dem Darm. Tempeh und Kombucha haben eher weniger positive Effekte auf den Darm, sind aber dennoch großartige Lebensmittel.

Akkermansia muciniphila

Einem Darmbakterium sollten wir besondere Aufmerksamkeit schenken: dem Darmbakterium Akkermansia muciniphila, welches 2004 das erste Mal in den Niederlanden für Aufregung sorgte.

Ist Akkermansia muciniphila in unserem Darm ausreichend vorhanden, ist es in der Lage, sich wie ein Schutzfilm um den Darm zu legen und uns vor Autoimmunerkrankungen, Diabetes und Herzkreislauferkrankungen zu schützen.[21]

Dieses spezielle Darmbakterium liebt Cranberrys, Granatäpfel und grünen Tee. Ein Grund mehr, morgens deinen Usucha-Matcha zu trinken. Granatäpfel passen super zu Hummus, Gerichten mit Linsen und Porridge – aber klar: das Herauslösen der Kerne nervt.

Dein Immunsystem

Das Beste, was du im Alltag für ein gesundes Immunsystem tun kannst, ist Entzündungswerte in deinem Körper niedrig zu halten.

Nur dass wir uns richtig verstehen, Entzündungen sind ein natürlicher und wichtiger Prozess des Körpers. Er hilft dem Körper sich zu schützen und zu reparieren. Aber zu viel ist zu viel.

Entzündungen werden im Wesentlichen beeinflusst durch ... Ich weiß, du kennst die Antwort: Zucker, raffinierte Kohlenhydrate und billige Fette.

Das Ganze läuft so ab: Isst du ein helles Brötchen mit Schokocreme, steigt dein Blutzuckerspiegel. Als Folge schießt dein Insulin in die Höhe und lagert den Zucker und die raffinierten Kohlenhydrate als Fettzellen in deinen Organen ab. Dieses Fett führt zu einem metabolischen Chaos und sorgt für Entzündungen in deinem Körper.

Isst du jeden Tag Zucker, helle Kohlenhydrate, raffinierte Fette und industriell hergestellte Lebensmittel bringst du deinen Körper tagein, tagaus in diesen Prozess. Mehr raffinierte Lebensmittel = mehr Entzündungen. Das führt zu einem chronisch geschwächten Immunsystem und auf Dauer zu den Zivilisationskrankheiten, an denen leider ein Großteil unserer Bevölkerung leidet.

Aber was ist die Lösung?

Polyphenole!

Polyphenole wirken stark entzündungshemmend[22], regulieren die Immunreaktion der Darmschleimhaut, helfen bei Allergien und stärken die gesamte Immunabwehr des Körpers.[23]

Du findest sie in allen bunten Pflanzen, insbesondere in roten, violetten und schwarzen Pflanzen. Deshalb auch meine Regel „Violett & Grün".

Wilde Pflanzen wie z.B. wilde Heidelbeeren sind am besten, danach kommt Bio und danach konventionelles Obst und Gemüse. Wenn du richtig was reißen willst, isst du täglich 650-900 mg Polyphenole. Anbei findest du eine Tabelle der polyphenolreichsten Pflanzen. Such dir deine Lieblinge raus und iss sie täglich, wann du willst, sooft du willst.

Im Nachgang an die Tabelle zeige ich dir, wie ich Polyphenole in meinen Alltag integriere.

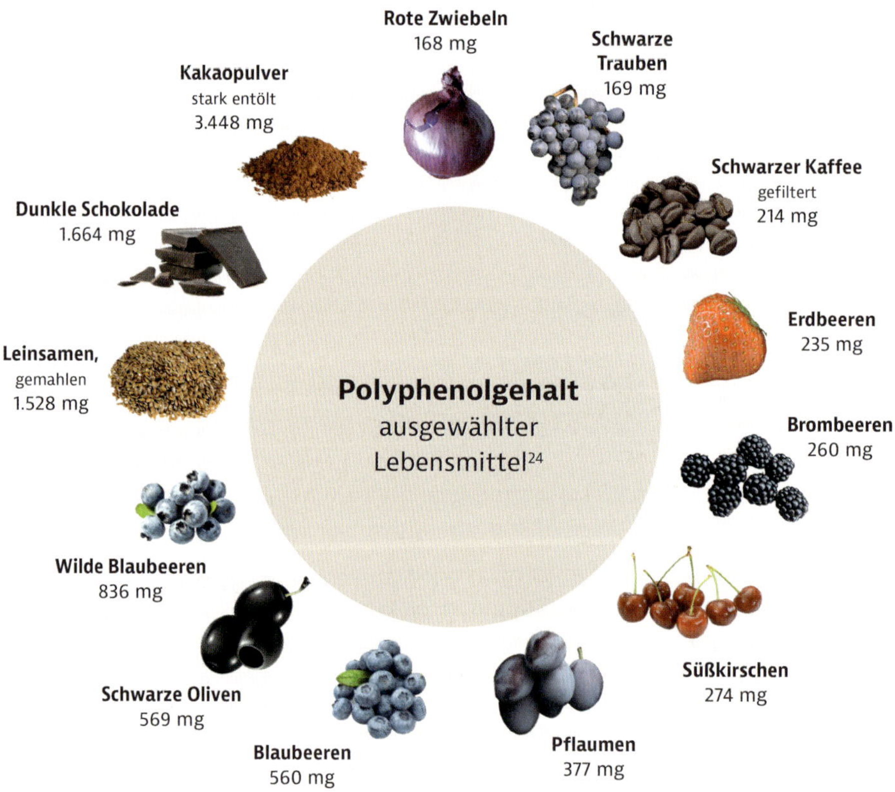

Polyphenolgehalt pro 100 g

Rohes hochqualitatives Olivenöl ist ebenfalls reich an Polyphenolen. Im Bioladen findest du sogar speziell auf ihren Polyphenolgehalt geerntete Olivenöle von der Marke *Rapunzel* oder *Bio Planete*. Diese Öle bestehen aus noch jungen, grünen Oliven und eignen sich besonders gut, um Entzündungen zu reduzieren.

Sie sollten – wie jedes gute, kaltgepresste Olivenöl – roh verzehrt werden. Gewürze (Kurkuma, Rosmarin), Vitamin C (Paprika, Grünkohl), Zink (Hanfsamen, Walnüsse), Selen (Kokosmus, Paranüsse) und Vitamin D (Mittagssonne) stärken zusätzlich dein Immunsystem.

Ich esse täglich im Müsli ca. 20 g Leinsamen, 150 g wilde Blaubeeren und etwa 10 g rohe, hundertprozentige Schokolade. Blaubeeren + Schokolade – leckerer kann Gesundheit wirklich nicht sein!

Zum Abendessen geben Vicky und ich rote Zwiebeln und 2 EL rohes Olivenöl pro Person über unser Essen. In der Saison essen wir reichlich Blaubeeren, Brombeeren und Erdbeeren. Süßkirschen kaufen wir tiefgekühlt im Bioladen, und im Café genießen wir ab und zu einen Americano, Filterkaffee oder Espresso.

Deine Mitochondrien

Die wichtigste Aufgabe deiner Mitochondrien besteht darin Energie zu produzieren. Ohne Mitochondrien kein Leben. Sie sind kleine Zellorganellen, die in beinahe jeder Zelle vorkommen und dafür sorgen, dass du springen, rennen aber auch einfach nur sitzen und arbeiten kannst.

Stehst du an der Tankstelle und willst deine Mitochondrien aufladen, hast du zwei Möglichkeiten: Kohlenhydrate oder Fette?

Egal, für welche du dich entscheidest, wichtig ist die Qualität. Ranzige, billige Öle schaden deinen Mitochondrien genau wie hoch glykämische, raffinierte Kohlenhydrate aus heller Pasta, Keksen, Kuchen, weißem Reis und Süßkram.

MCT-Fette – sogenannte mittelkettig gesättigte Fette – sind eine erstklassige Wahl, um deine Mitochondrien zu reparieren, zu erneuern und zu stärken.[25]

Gute MCT-Quellen sind rohe Kokosprodukte wie rohes Kokosmus und Kokosöl oder auch Rohmilchbutter. Es ist wichtig, MCT-Fette in ihrer rohen Form zu essen. Achte hier also auf die Qualität. Auf dem Markt gibt es mittlerweile auch spezielle MCT-Öle, die besonders reich an MCT-Fetten sind. Sie schmecken recht neutral und können praktisch jedem Smoothie, Porridge und sogar Kaffee hinzugefügt werden (*Bulletproof Coffee*).

Coenzym Q10 ist ebenfalls wichtig für die Aufrechterhaltung und Funktionalität deiner Mitochondrien. Fairerweise muss man erwähnen, dass Fleisch die höchsten Coenzym-Q10-Werte aufweist. Du findest es aber auch in Brokkoli, Olivenöl, fettigem Fisch und Sojabohnen, jedoch in geringeren Mengen.

Da sich das Enzym ab einer Temperatur von 100 Grad Celsius langsam, aber sicher anfängt zu verflüchtigen, solltest du ausgewählte Lebensmittel nur schonend zubereiten.[26] Alternativ kannst du Coenzym 10 auch supplementieren, ich empfehle das von Purazell.

Dein Entgiftungssystem

Pestizide, Chemikalien, Schwermetalle und Luftverschmutzungen sind überall. Das stellt unser Entgiftungssystem vor eine tägliche Herausforderung.

Allein das meistbenutzte Herbizid Glyphosat steht in Verbindung mit der Entstehung von Krebs, Leber- und Nierenschäden und bringt für Kinder und Schwangere erhöhte Gesundheitsrisiken mit sich.[27]

Würde man uns eine Tasse voll mit diesem Zeug auf den Tisch stellen, würden wir dankend ablehnen. Wieso akzeptieren wir es dann in unserem Essen?

Die meisten ungünstigen Stoffe nehmen wir über unser Essen zu uns. Hormone aus gestressten Turbo-Kühen, Antibiotika aus der Massentierhaltung, Pestizide aus unserem Gemüse, Schwermetalle aus unserem Fisch und Toxine aus unserem Wasser. Die beste Wahl ist es, diese Stoffe durch eine vollwertige Bio-Ernährung und ungesättigtes, gefiltertes Waser gar nicht erst in unseren Körper zu lassen, aber allem zu entgehen, ist in unserer heutigen Welt schier unmöglich.

Umso wichtiger ist es, dein Entgiftungssystem bestmöglich mit der richtigen Wahl an Lebensmitteln zu unterstützen.

Als erstes brauchst du Ballaststoffe. Ballaststoffe helfen dir, deinen Darm zu reinigen. Nimmst du „Die Super 6" täglich zu dir, hast du schon einen richtig guten Start hingelegt. (S. 61)

Zusätzlich benötigt deine Leber bestimmte Phytonährstoffe, um optimal zu funktionieren und den ganzen Müll loszuwerden.

Dafür brauchst du Schwefel. Schwefel hilft nicht nur der Leber beim Entgiften, sondern verstärkt die Bildung von Glutathion, dem stärksten körpereigenen Antioxidans. Schwefel in Form von Glucosinolaten findest du in allen Kreuzblütlern wie Brokkoli, Rosenkohl, Grünkohl, Blumenkohl, rohem Senf, Rettich und Kresse. Es sorgt für den leicht scharfen Geschmack. Am besten isst du die genannten Lebensmittel roh. Ein Bund Kresse kostet nicht viel und kann praktisch über Brote, Salate, Kartoffeln und Pasta gegeben werden. Im Bioladen findest du manchmal richtig wilde Sorten, probier dich da bei Gelegenheit mal durch.

Auch Brokkoli kann man roh richtig lecker zubereiten. Einfach die Röschen abwaschen und mit hochwertigem Olivenöl, etwas Zitronensaft, Meersalz und getrockneten Zwiebeln vermengen und 15–20 Minuten luftdicht ziehen lassen. Wer mag, gibt noch ein wenig Nüsse dazu; das schmeckt ebenfalls toll.

Auch Zwiebelgewächse enthalten Schwefel. Deshalb ergibt es Sinn, dein Essen mit rohen Zwiebeln, Schnittlauch und Lauchzwiebeln zu toppen. Knoblauch ist der absolute Top Star. Wenn du nicht gerade ein Date hast, gerne auch roh.

Zitrusfrüchte (insbesondere Grapefruit), Sellerie, Möhren und lykopinhaltige Lebensmittel wie Tomaten und Wassermelonen helfen ebenfalls beim Entgiften.[28 29]

Gelbe Tomaten und grüne Tomaten liefern so gut wie gar kein Lycopin, greife daher lieber zu den roten. Auch hier gilt: Bio-Tomaten enthalten mehr Lykopin als konventionelle. Oder du baust dir deine eigenen Tomaten mit hochfruchtbarer Terra preta zu Hause selbst an. Das wäre wahrscheinlich das Beste und ist gar nicht mal so schwer.

Grüner Tee und Kurkuma sind ebenfalls richtig gut geeignet! Insbesondere wenn du Intervallfasten betreibst, kannst du hier zwei Fliegen mit einer Klappe schlagen. Das Kurkumin aus der Kurkumawurzel und die Catechine aus dem grünen Tee helfen beide beim Entgiften.[30 31]

Außerdem intensiveren beide der Stoffe die Autophagie, d. h. den Prozess der Zellerneuerung, welcher bei einem 14–16-stündigen Fasten eintritt.[32]

Ich trinke deshalb morgens gerne meinen Usucha-Matcha, ohne Milch einfach nur mit Wasser. Kurkuma kannst du mit etwas frisch gepresstem Zitronensaft und Wasser zum Ende deiner Fastenperiode zu einem Detox-Drink vermengen oder du steigst auf hochwertige Kurkuma-Kapseln um.

Zum Ende dieses Kapitels findest du eine praktische Tabelle mit ausgewählten Pflanzenstoffen und ihrer Wirkung auf deinen Körper – mit dem Fokus darauf, welche Stoffe die Autophagie intensivieren und dich beim Fasten unterstützen.

Deine Muskeln, Knochen und Zellen

Eine der wichtigsten Regeln, die ich während meines Sportstudiums entdecken durfte, war, dass es eine direkte Korrelation zwischen der Muskelkraft, der Knochendichte und unserer Zellgesundheit gibt. Trainierst du regelmäßig deine Muskeln durch ein Hanteltraining, Körpergewichtstraining oder durch aktive Bewegung im Alltag, werden die Kräfte automatisch an die Sehnen, Bänder und Knochen weitergeleitet. Das zwingt alle Apparate dazu, sich anzupassen und stärker zu werden. Krafttraining ist somit ein super Reiz für deinen gesamten Körper!

Zudem hilft Sport dabei, deine Zellen zu regenerieren. Deshalb sehen Menschen, die Sport treiben, häufig auch jünger und knackiger aus – solange sie den Sport mit der richtigen Ernährung kombinieren.

Muskelschwäche und Knochenschwund zählen zu den „normalen" Begleitungen des Alterns und sind im Wesentlichen abhängig von zwei Faktoren. Erstens, wie regelmäßig du trainierst, und zweitens, womit du das, was du trainierst, fütterst. Hier kommen Proteine ins Spiel.

Ja, der Proteinhype nervt. Genauso wie Proteinriegel an der Ladenkasse, Proteinjoghurts im Kühlregal und Wunder-Proteinshakes im Studio. Aber von diesen Proteinen ist nicht die Rede. Ich rede von hochwertigem, hochverfügbarem Eiweiß, für welches die Natur (und teilweise auch der Mensch) uns alles zur Verfügung stellt.

Das hochwertigste Protein bekommst du durch tierische Lebensmittel. Im direkten Vergleich schneiden tierische Proteine deutlich besser ab als pflanzliche.[33] Das liegt ganz einfach daran, dass wir einer Kuh ähnlicher sind als einem Brokkoli.

Deshalb ist es wichtig, bei einer pflanzlichen Ernährung verschiedene Proteine zu kombinieren. Ein paar kluge Kombinationen findest du in der folgenden Auflistung.

Ich nehme als aktiver Mensch zusätzlich ein Proteinpulver zu mir, welches mich mit den wichtigsten Aminosäuren versorgt. Früher habe ich über das Thema anders gedacht, heute würde ich den meisten Veggies empfehlen, mit 15–20 g Protein zu ergänzen – insbesondere der Ü-40-Fraktion, denn ihr braucht etwas mehr, um dem Muskelschwund entgegenzuwirken, welcher ganz natürlich ab ca. einem Alter von 30 Jahren einsetzt.[34]

Sojaprotein solltest du meiden; es ist eins der entzündungsfördernsten Proteine auf dem Markt. Wichtig, ich rede von Sojapreotein-Isolat, nicht von der ganzen Sojabohne, Tofu oder Sojajoghurt.

Ich empfehle eine Mischung aus Hanfprotein und Hülsenfrüchten (z. B. Erbsenprotein, Kichererbsenprotein oder Lupinenprotein). Optimalerweise war die Ausgangspflanze des Proteinpulvers sogar gekeimt, dann hast du die Königsklasse des Proteinkonsums erreicht. Ich habe dir das, welches ich nutze, ebenfalls in den Bezugsquellen verlinkt.

Proteinkombinationen bei einer pflanzenbasierten Ernährung

Beispiele:

- Mandelmus auf Vollkornbrot
- Linsen-Curry mit Vollkornreis
- Leinsamen-Hafer-Porridge mit Nüssen
- Kichererbsen mit Tahina (Hoummus)
- Hirse mit Kidneybohnen
- Chia-Pudding mit Cashewkernen
- Roh-Kakao mit Haferflocken und Nüssen
- Tofu mit Quinoa
- Vollkornpasta mit Erbsen
- Sojajoghurt mit Nüssen & Samen

Zusätzlich benötigst du genug Kalzium und Vitamin D für gesunde Knochen. Dass Milchprodukte die beste Kalziumquelle sind, ist längst überholt. Das zeigen auch aktuelle Beobachtungsstudien.[35] In Ländern, in denen vergleichsweise wenig Milch konsumiert wird, leiden prozentual weniger Menschen an Knochenkrankheiten wie Osteoporose.[36]

Zwar ist Milch ein guter Lieferant für Kalzium, scheint den Körper jedoch so sehr zu übersäuern, dass er sich als Ausgleich die Mineralstoffe aus den eigenen Reserven zieht – hierzu gehört auch das Kalzium aus den Knochen.

Dabei haben wir weitaus mehr Kalziumquellen auf dem Planeten, welche auch ohne das zusätzliche negative Gepäck auskommen.

Eine exzellente Quelle sind Sesamsamen bzw. Tahina-Paste. Da Kalzium zu den Mineralstoffen gehört und somit hitzebeständig ist, kannst du hier sogar das „normale" geröstete Tahina nehmen. Ich empfehle das Tahina der Marke *Al Arz*. Es ist mit Abstand das beste Tahina, das ich je getestet habe und wird in Israel von den bekanntesten Hummus- und Falafel-Restaurants genutzt. Die Marke *Pepperwoord Organics*" ist ebenfalls richtig gut und sogar in Glas verpackt.

Pflanzenstoffe und ihre Wirkung auf den Körper[37]

Pflanzenstoff	Lebensmittel	Wirkung
Kurkumin	Kurkuma, Supplement	Intensiviert die Autophagie.
Koffein	Schwarzer Kaffee, Roh-Kakao, Espresso	Intensiviert die Autophagie. Senkt Risiko für HZK.
EGCG	Grüner Tee, Matcha-Tee	Intensiviert die Autophagie. Senkt Krebsrisiko.
Fisetin	Erdbeeren, Äpfel, Gurken, Zwiebeln	Senkt Entzündungen.
Polyphenole	Roh-Kakao, Leinsamen, schwarze Beeren	Intensiviert die Autophagie. Senkt Sterblichkeitsrisiko. Senkt Risiko für HZK.
Quercetin	Zwiebeln (rot und gelb), Äpfel, Supplement	Intensiviert die Autophagie. Senkt den Blutdruck.
Resveratrol	Rotwein, Schale von roten Trauben, Supplement	Senkt Risiko für Alzheimer. Senkt Krebsrisiko. Senkt Risiko für Diabetes Typ 2.
Spermidin	Sprossen, Pilze, Brokkoli, Natto, Supplement	Intensiviert Autophagie. Senkt Sterblichkeitsrisiko.
Sulforaphan	Brokkolisprossen, Brokkoli, alle Kreuzblütler	Wirkt antioxidativ.

* HZK = Herzkreislauferkrankungen

LEISTUNGSFÄHIGER: MEHR ENERGIE IM ALLTAG

Nettoenergie aus Lebensmitteln

Leistungsfähiger werden wir im Alltag, wenn wir den Körper in seiner Leistungsfähigkeit unterstützen, nicht behindern.

Eine erholsame Nacht fördert die Leistungsfähigkeit.
Eine kurze Nacht behindert die Leistungsfähigkeit.

Ein forderndes Training fördert auf Dauer die Leistungsfähigkeit.
Ein überforderndes Training behindert auf Dauer die Leistungsfähigkeit.

Gut verwertbare Nahrungsmittel fördern die Leistungsfähigkeit.
Schlecht verwertbare Nahrungsmittel behindern die Leistungsfähigkeit.

Deshalb ist es wichtig, Lebensmittel zu dir zu nehmen, die direkt vom Körper aufgenommen und verwertet werden können. Als Beispiel wären hier saftige Datteln, rohes Kokosöl und reife Bananen zu nennen. Diese gelangen rasch in den Stoffwechsel und können vom Körper, ohne groß Energie aufzuwenden, genutzt werden.

Im Alltag macht sich das dadurch bemerkbar, dass du nach dem Essen weniger müde wirst und somit im Büro fokussierter, wacher und leistungsfähiger bist.

Als ich 2013 in Rio war, ernährte ich mich fast ausschließlich von reifem Obst, Gemüse, Açaí-Bowls und Trockenfrüchten. Trotz täglichem Training an der Copacabana unter der heißen Sonne war meine Leistungsfähigkeit und mein Energielevel unglaublich hoch.

Aber was bedeutet das genau?

Kohlenhydrate, Fette & Proteine

Unsere Nahrungsmittel bestehen aus drei Hauptbestandteilen (Makronährstoffen): Kohlenhydrate, Fette und Proteine. Ballaststoffe werden zwar häufig gesondert aufgelistet, sie zählen jedoch zu den Kohlenhydraten, liefern uns nur im Gegensatz zu den anderen dreien wenig bis keine Energie.

Dennoch kann der Körper zunächst mit diesen drei Makronährstoffen nichts anfangen, er muss sie umwandeln:

38

Kohlenhydrate	werden aufgespalten in	**Einfachzucker**
Fette	werden aufgespalten in	**Fettsäuren**
Proteine	werden aufgespalten in	**Aminosäuren**

Nehmen wir mehr Lebensmittel der rechten Spalte zu uns, benötigt der Körper weniger Energie zur Umwandlung. So liefert das Lebensmittel dem Körper eine erhöhte Nettoenergie.

Du kannst das sicher nachvollziehen: Isst man eine üppige, große Mahlzeit fühlt man sich danach schwer und träge. An konzentriertes Arbeiten oder körperliche Bewegung ist nicht zu denken und man will am liebsten vor der Glotze sitzen und abhängen.

Der Körper wendet all seine Energie und viel Sauerstoff dafür auf, die Nahrung zu verarbeiten, für das Gehirn oder die Muskeln bleibt da wenig übrig.

Dennoch sollten komplexe Kohlenhydrate, gute Fette und Proteine einen festen Platz in unserer Ernährung finden. Insbesondere Pseudogetreide wie Quinoa, Amaranth, Buchweizen, aber auch Samen und Kerne können vom Körper leichter verstoffwechselt werden als heutzutage hochgezüchtete Weizenprodukte.

Diese liefern uns wertvolle Nährstoffe aus allen drei Kategorien und finden auch in diesem Buch ihren festen Platz.

Nahrungsmittel mit hoher Nettoenergie

Reich an Einfachzucker	Reich an Aminosäuren	Reich an Fettsäuren
Bananen	**Spinat**	**Hanföl**
Mangos	**Sonstiges grünes Blattgemüse**	**Olivenöl**
Beeren	**Sprossen**	**Leinöl**
Feigen	**Hanf**	**Chiasamen**
Äpfel	**Gekeimtes Getreide**	**Lachs**
Datteln	**Gekeimte Kerne & Samen**	**Avocado**
Roher Honig	**Kristalline Aminosäuren***	**Sesamsamen**

* z.B. erhältlich bei Wild & Coco oder MAP® Protein.

Hara hachi bun me

Auf meiner Reise nach Kyoto (Japan) durfte ich einen ganzen Tag mit Aki, einer Frau mittleren Alters, verbringen.

Aki führte mich durch ihr ganzes Dorf und zeigte mir den Markt, ihre Lieblingsrestaurants und witzigerweise sogar ihren Lieblingsbäcker, welcher sich auf deutsche Vollkornbrote spezialisiert hat. Zu Hause angekommen in ihrem Kominka (Blockhaus) durfte ich einiges über die japanische Küche lernen und direkt in der Praxis ausprobieren. Wir kochten traumhaft leckere Algensalate, eingelegtes Gemüse und wahnsinnig leckeren marinierten Tofu.

Als ich Aki danach fragte, weshalb sich in Japan so viele Menschen an so hoher Gesundheit erfreuen, fiel immer wieder das Sprichwort „Hara hachi bun me", was auf Japanisch so viel bedeutet wie: seinen Magen beim Essen nur zu 80 % zu füllen.

Man isst sich also nie richtig satt, sondern stoppt, wenn eine leichte Form der Befriedigung eintritt. Klingt erst einmal schrecklich, oder?

Wissenschaftlich gesehen ergibt das Ganze jedoch Sinn, da die Sättigung immer leicht verzögert zu unserer Essgeschwindigkeit eintritt. So tendieren Menschen, die langsamer essen, dazu, sich weniger häufig zu überessen.

So spannend ich das Konzept jedoch fand, so schnell vergaß ich es auch wieder, da die Vorstellung des Nie-ganz-satt-Werdens für mich fürchterlich klang ... bis heute.

Als ich begann, in die Endphase des Schreibens dieses Buches zu kommen, arbeitete ich täglich ca. 11 Stunden und plötzlich kam mir beim Matchatrinken am Morgen Akis Sprichwort wieder in den Sinn: Hara hachi bun me.

Ich probierte das Konzept aus und aß mich ein paar Tage lang nie ganz satt. Das Ergebnis war erstaunlich: Meine Leistungsfähigkeit nach dem Essen, somit also meine Nettoenergie, war so hoch wie nie. Kein Müdesein, kein Tief und ich konnte direkt klar und fokussiert weiterarbeiten. Natürlich esse auch ich mich manchmal noch so richtig satt, wenn die Açaí-Bowl einfach wieder zu göttlich schmeckt und die Augen beim Granola größer sind als der Magen. Aber im Allgemeinen gibt mir das Konzept des Sich-zu-80-%-satt-Essens im Alltag ein tolles Gefühl der Leichtigkeit und es ist ein wesentlicher Bestandteil meiner Leistungsfähigkeit geworden.

Wichtig ist jedoch bei alldem auch, die Kalorienmenge im Blick zu haben. Wenn ich mich dazu entschließe, etwas weniger zu essen, fahre ich auch schwere Geschütze wie Samen, Kerne und Avocados auf, die mir neben einer geballten Packung Nährstoffen auch die nötigen Kalorien liefern. Zudem trinke ich insbesondere während intensiver Trainingsphasen gerne einen Shake aus Hanf- und Erbsenprotein. Dann muss ich mir um das Thema schon mal keine Sorgen machen.

Keimen

Eine weitere, exzellente Technik, um die Nettoenergie aus deinen Lebensmitteln zu erhöhen, ist das Keimen. Das Fermentieren und Keimen von Lebensmitteln hat den Vorteil, dass bestimmte Antinährstoffe abgebaut werden. Durch diesen mikrobiologisch sehr aktiven Prozess wird das Lebensmittel für uns Menschen deutlich bekömmlicher und dein Darm ist in der Lage, Proteine und Mineralstoffe effektiver aus dem Lebensmittel zu ziehen.

Zu den Antinährstoffen zählen Lektine, die Oxalsäure und allen voran die Phytinsäure. Insbesondere Hülsenfrüchte enthalten mehr oder weniger große Mengen an Phytinsäure. Deshalb ist es sinnvoll, diese keimen zu lassen. So reduzierst du den Phytinsäuregehalt auf natürliche Weise.

Wie schnell die Phytinsäure abgebaut wird, hängt davon ab, wie hoch die Phytaseaktivität des einzelnen Lebensmittels ist. Phytase ist das Enzym, welches die Phytinsäure abbaut.

Buchweizen besitzt eine erstklassige Phytaseaktivität, deshalb ist er nach 15–16 Stunden meist auch schon fertig gekeimt. Sojabohnen, Hafer, Kichererbsen und Roggen hingegen brauchen etwas länger.

Weichst du jedoch ein Lebensmittel mit hoher Phytaseaktivität (z. B. Buchweizen) zusammen mit einem Lebensmittel mit geringer Phytaseaktivität (z. B. Hafer) ein, so kannst du die Dauer des Keimens – in diesem Beispiel für den Hafer – deutlich reduzieren.

Phythinsäuregehalt von Hülsenfrüchten

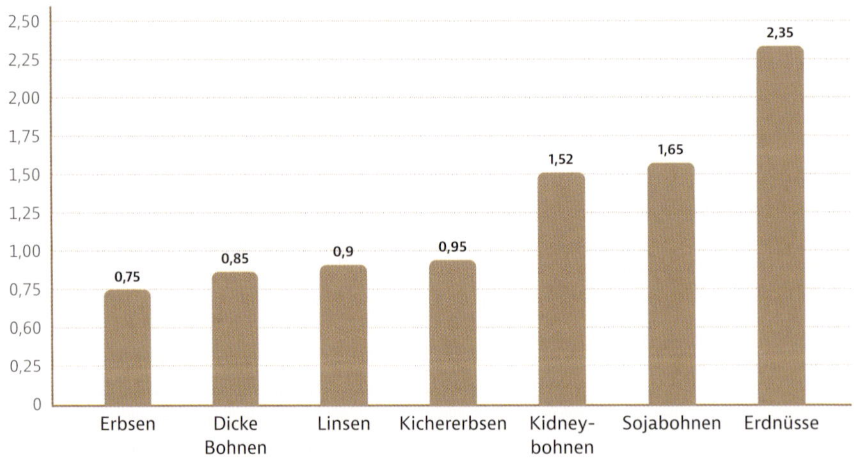

Quelle: Schlemmer U, Frølich W, Prieto RM, Grases: F: Phytate in foods and significance for humans: food sources, intake, processing, bioavailability, protective role and analysis, 2009.

Um die Eiweiße aus Hülsenfrüchten optimal aufzunehmen, ist es ratsam, deine Hülsenfrüchte in roher Form zu kaufen, über 1–2 Tage einzuweichen und dann 40–60 Minuten zu kochen. Das ist auch gar nicht so aufwendig, es braucht nur ein wenig Planung. Wirklich hochwertige, rohe Hülsenfrüchte findest du beim Bio-Pionier Davert im Bioladen.

Erbsen und grüne dicke Bohnen hingegen haben einen so niedrigen Phytinsäuregehalt, dass du sie direkt so essen kannst. Dasselbe gilt theoretisch auch für Linsen. Linsen zu keimen, ist jedoch denkbar einfach*; deshalb keime ich sie meist trotzdem.

Da Soja ebenfalls recht viel Phytinsäure beinhaltet, essen wir Soja gerne in fermentierter Form als Tempeh oder Feto. Zu beidem findest du im Buch tolle Rezepte.

Anbei findest du eine Tabelle als Richtwert.

* Linsen in einem Sieb gründlich abspülen und mit Wasser für einen Tag in einem Topf ziehen lassen, bis sich kleine Fortsätze bilden. Das Wasser weggeben, die Linsen noch einmal spülen und wie gewohnt kochen.

Lukes Long Life List
Woche (von - bis):
Luke Jaque-Rodney | 2023
Leinsamen
Wilde Blaubeeren
Pilze
Rohes Kokosmus
Rote Zwiebeln & Knoblauch
Intaktes Getreide
Grünes Blattgemüse
Rote Beete & Möhre
Rohes Olivenöl / Roh Kakao
Brokkoli (Sprossen)
Luke's Erklärung

HEIẞHUNGERATTACKEN VERMEIDEN

Heißhungerattacken sind heilbar und hängen fest mit deinem Essverhalten sowie mit deinem Lebensstil zusammen. Falls du unter Müdigkeitsanfällen oder Leistungseinbrüchen nach dem Essen leidest, habe ich eine gute Nachricht: Es gibt Methoden, wie du diese Symptome aus deinem Leben verschwinden lassen kannst. Heißhungerattacken zwischen den Mahlzeiten hängen mit deinem Blutzuckerspiegel zusammen. Umso zuckerhaltiger deine Mahlzeit, umso schneller steigt dieser an. Deshalb greifen viele Sportler auch auf zuckerhaltige Snacks wie Dextrose- oder Glukosebonbons zurück, weil sie in Rekordschnelle ins Blut gelangen und dem Körper Energie liefern. Die andere Seite der Medaille: Umso schneller dein Blutzuckerspiegel steigt, umso schneller fällt er auch wieder, im schlimmsten Fall sogar unter das Ausgangsniveau. Dieser Punkt, welcher meist 2–3 Stunden nach dem Essen erreicht ist, sorgt für anfangs genannte Symptome wie Leistungseinbrüche, Müdigkeitsanfälle und Heißhungerattacken. Diese Symptome wiederum führen zu ungünstigen Gewohnheiten wie erhöhtem Kaffeekonsum, der nächsten Dose Energydrink oder schnellem Zuckernachschub in Form von ungesunden Snacks.

Dein Blutzuckerspiegel

Im Normalfall befindet sich dein Blutzuckerspiegel im Bereich zwischen 60 und 100 mg/dl. Im Optimalfall jedoch zwischen 72 und 85 mg/dl.[39] Denn was Behörden als normal einstufen, ist nicht immer optimal. So sollte z. B. eine normale Zufuhr von Ballaststoffen bei 30 g pro Tag liegen, optimal wären jedoch mindestens 40 g.[40] (Zur Erinnerung: Der Mensch damals hat bis zu 100 g Ballaststoffe pro Tag verzehrt.)

Aber zurück zum Blutzucker: Im Optimalfall erhöht sich dein Blutzuckerwert nach einer Mahlzeit um nicht mehr als 30 mg/dl.[41] Nach dem Verzehr eines hellen Brötchens, heller Pasta oder weißem Reis kann der Wert auch schon mal auf das Doppelte ansteigen. Kombinierst du jene Gerichte jedoch z. B. mit ballaststoffreichem Brokkoli, Leinsamen oder einer Avocado, fällt die Blutzuckerspitze nicht ganz so dramatisch aus. In diesem Buch kombinieren wir daher sowieso schon von Natur aus ballaststoffreiche Vollkorngetreide und Hülsenfrüchte mit zusätzlichem Gemüse.

Dennoch möchte ich dir vier einfache Methoden vorstellen, wie du den Blutzucker nach deiner Mahlzeit stabilisieren kannst, unabhängig von dem, was du isst.

Bewegung

Sich innerhalb von 30 Minuten nach der Mahlzeit für 10–20 Minuten zu bewegen, kann den Blutzuckeranstieg um bis zu 30 % reduzieren.[42] Ein kleiner Spaziergang, aktive Tätigkeiten im Haushalt oder von mir aus auch eine kurze 5-Minuten-Session aus Squats, Liegestützen und Planks reichen völlig aus. Der Grund dafür liegt darin, dass deine Muskeln Glukose verbrauchen, wenn du sie aktivierst. So landet weniger Glukose im Blut. Zudem fördert Bewegung nach dem Essen erwiesenermaßen den Verdauungsprozess. Deshalb mache ich auch so gerne nach dem Essen die Küche in zügigem Tempo sauber und bringe jede Schale einzeln rüber zur Vitrine. Auf diese Weise habe ich die Bewegung drin und gleichzeitig ist die Küche schnell wieder sauber.

Essig

Apfelessig ist ein Hype, ohne Frage. So soll er dabei helfen, die Verdauung zu fördern und Gase zu reduzieren, auch wenn das Ganze wissenschaftlich noch nicht so ganz belegt ist.

Während diese Eigenschaften jedoch förderlich für das Gesamtwohlbefinden sein können, kann Apfelessig aber noch viel mehr. Ca. 15 Minuten vor der Mahlzeit getrunken kann er deinen Insulinanstieg um bis zu 20 % reduzieren.[43] 1–2 EL in ein großes Glas Wasser gerührt reichen völlig aus. Dasselbe klappt auch, wenn du den Essig nicht vor der Mahlzeit, sondern zur Mahlzeit einnimmst. Sogar eine halbe Stunde nach der Mahlzeit getrunken entfaltet Essig noch seine positive Wirkung.

Jeder Essig funktioniert hier gleich. Apfelessig ist nur wegen des Geschmacks wahrscheinlich am bekanntesten. Ich nehme jedoch am liebsten Granatapfelessig, geschmacklich gesehen wirklich ausgezeichnet. Um den Zahnschmelz etwas zu schonen, kannst du gerne einen Strohhalm beim Trinken verwenden.

Gemüse

Vor dem Essen eine kleine Portion Gemüse zu essen, ist aus vielerlei Hinsicht ratsam. Erstens, weil du mit Gemüse fast nie etwas falsch machst, und zweitens, weil die Ballaststoffe aus dem Gemüse ebenfalls eine Glukosespitze und somit später anfallende Heißhungerattacken vermeiden können.[44] Artischocken sind mit 10 g die absoluten Top Stars, was Ballaststoffe angeht, aber im Prinzip ist jedes Gemüse super. Wenn du nicht auf Gemüse stehst, funktioniert der Trick genauso gut mit anderen ballaststoffreichen Lebensmitteln aus der Lukes-Super-6-Liste wie Hanfsamen, Sonnenblumenkernen, Roh-Kakao und Leinsamen.[45]

Weil ich jedoch keine Lust habe, vor der fertig gekochten Buchweizenpasta zu sitzen und 10 Minuten eine Möhre zu kauen, erledige ich das Ganze meistens schon beim Kochen. Einfach zum Ende des Kochens hin eine Möhre knabbern oder ein paar knackige Bio-Tomaten snacken.

So habe ich meine Portion Gemüse gegessen, beeinflusse den Blutzuckerspiegel positiv und kann loslegen, sobald das Essen fertig ist. Wichtig: Was auch immer du an Gemüse isst, gut kauen nicht vergessen! Beim Kochen hast du ja Zeit. ;-)

Fette und Proteine

Lebensmittel, die reich an diesen beiden Makronährstoffen sind, sind in der Lage, deinen Blutzuckerspiegel zu stabilisieren, selbst wenn du gesunden Zucker aus Obst oder Trockenfrüchten zu dir nimmst.[46] Alle Lebensmittel der Lukes-Super-6 bis auf Datteln haben diese Eigenschaft. Deshalb snacke ich als Nachtisch auch nie nur getrocknete Feigen alleine, sondern kombiniere sie mit rohen Kakaobohnen und rohem Kokosmus.

Kochst du die Rezepte aus diesem Buch, musst du dir darüber allerdings keine Sorgen machen. Denn die stärkehaltigen Rezepte aus diesem Buch werden immer mit fett- und proteinreichen Lebensmittelgruppen wie Nüssen, Kernen und Samen kombiniert.

Lukes Long Life List

Luke Jaque-Rodney | 2023

- Leinsamen
- Wilde Blaubeeren
- Pilze
- Rohes Kokosmus
- Rote Zwiebeln & Knoblauch
- Intaktes Getreide
- Rohe Nussbutter
- Hülsenfrüchte
- Grünes Blattgemüse
- Rote Bete & Möhre
- Rohes Olivenöl / Roh-Kakao
- Brokkoli (Sprossen)

SCAN ME

Die LLL List findest du zum kostenlosen Download für dein Handy auf meiner Website. So hast du die Liste im Alltag immer bei dir. Einfach den QR Code mit deiner Handykamera scannen.

Lukes Erklärung

Leinsamen

- Frisch geschrotet | Alternativ: Hanf oder Chia.

Wilde Blaubeeren

- TK oder als Rohkost-Pulver. | Alternativ: violettes Obst.

Pilze

- Schonend zubereiten, braune Pilze besser als weiße.

Rohes Kokosmus

- Ideal für die mittelgesättigten Fettsäuren.

Rote Zwiebeln & Knoblauch

- Immer ein Teil roh. | Alternativ: Lauchzwiebeln, Schalotten.

Intaktes Getreide

- Gekeimter Hafer/Buchweizen, Quinoa, Hirse, Bulgur.

Rohe Nussbutter

- Rohe Nussbutter für den Alltag, geröstete Nussbutter als Genuss.

Hülsenfrüchte

- Linsen, Bohnen, Tempeh, Hummus (mit rohem Tahin).

Grünes Blattgemüse

- Grüne Smoothies, frische grüne Säfte, Salat.

Rote Bete & Möhre

- Optimalerweise frisch entsaftet. | Alternativ: Dampfgaren.

Rohes Olivenöl / Roh-Kakao

- 1–2 EL rohes Olivenöl täglich, Roh-Kakao nach Bedarf.

Brokkolisprossen

- Brokkolisprossen sind extrem wirksam! | Alternativ: Brokkoli, ein Teil immer roh.

QUICK START GUIDE

Zwiebelgewächse und Kreuzblütler

Zwiebelgewächse und Kreuzblütler sind zwei der nährstoffreichsten und wirksamsten Lebensmittelgruppen, welche unser Planet zu bieten hat. Zu Zwiebelgewächsen zählen Schalotten, Zwiebeln, Knoblauch, Lauchzwiebeln, Schnittlauch, Porree und Bärlauch.

Zu Kreuzblütlern hingegen zählen alle Kohlsorten wie Brokkoli, Rotkohl, Rucola, Weißkohl, Spitzkohl, Radieschen, Blumenkohl, Kohlrabi, Pak Choi und einige weitere wie Kresse, Senf und Grünkohl.

Beide haben insbesondere in ihrer rohen Form gezeigt, das Krebswachstum bekämpfen zu können und eine überdurchschnittlich hohe Nährstoffdichte zu haben.[47]

Du wirst in den Rezepten jedoch immer wieder Gerichte mit erhitzten Zwiebelgewächsen oder Kreuzblütlern finden. Um dennoch in den vollen gesundheitlichen Mehrwert dieser Lebensmittel zu kommen, stehen dir zwei Optionen zur Verfügung, welche ich dir am Beispiel des Brokkoli verdeutlichen möchte. Sie gelten jedoch für alle Lebensmittel der beiden Gruppen, solange du planst, sie zu erhitzen.

1. **Chop & Wait Methode**: Nachdem du deinen Brokkoli gehackt hast, wartest du ca. 40 Minuten, bevor du ihn weiterverarbeitest. In dieser Zeit finden im Brokkoli bestimmte enzymatische Prozesse statt, welche es ermöglichen, dass die gesundheitsförderlichen Moleküle gebildet werden können. Nach den 40 Minuten kannst du deinen Brokkoli wie gewohnt kurz braten, kochen oder dampfgaren.
2. **Raw & Cooked Methode**: Bei dieser Methode isst du zu jedem Stück gebratenen Brokkoli ein Stück rohen Brokkoli. Es ist völlig ausreichend, wenn das Verhältnis von roh und gekocht 70/30 beträgt. Dies führt nämlich dazu, dass sich der gekochte Brokkoli an den Enzymen des rohen Brokkolis bedienen kann und die wertvollen Stoffe gebildet werden können. Dies klappt auch mit unterschiedlichen Lebensmitteln. Du kannst z. B. deine Zwiebeln braten und zum Schluss rohe Lauchzwiebelringe über dein Essen geben oder deinen dampfgegarten Blumenkohl mit frischem Rucola toppen.

Nussmus

Nüsse solltest du überwiegend roh verzehren; dasselbe gilt für Nussmuse. Du wirst in diesem Buch viele Rezepte mit Nussmusen finden, wobei meistens die rohe Form gemeint ist. Manchmal benötigst du jedoch auch die geröstete Variante. Das hat in dem Fall jedoch kulinarische und keine gesundheitlichen Gründe.

Wieso ist das so wichtig?

Es gibt die sogenannte Verklebungstheorie, welche den Alterungsprozess zu fassen versucht. Diese besagt, dass durch das Erhitzen von sehr fett- und gleichzeitig proteinreichen Lebensmitteln sogenannte AGEs entstehen, welche im Zusammenhang mit vorzeitiger Alterung stehen.

Zu diesen Lebensmitteln gehören insbesondere Fleisch, Nüsse, Butter und Käse. Die meisten Nussmuse, die du im Laden und online findest, werden leider aus gerösteten Nüssen hergestellt, denn Geschmack verkauft sich besser als Gesundheit. Durch das Rösten werden bestimmte Aromen freigesetzt, die z. B. das Mandelmus so unwiderstehlich lecker schmecken lassen. Wer schon mal rohes Erdnussmus probiert hat, versteht direkt, wieso Hersteller nur die geröstete Variante anbieten, denn roh ist es fast ungenießbar. Zudem lassen sich geröstete Nüsse leichter pürieren. So wird das Mus schön cremig.

Dennoch empfehle ich, den Anteil an Nussmusen aus gerösteten Nüssen bei maximal 20 % zu halten. Für alltägliche Rezepte wie meine Mandelmilch, die Cashew-Carbonara oder meine Porridges nutze ich deshalb ausschließlich rohes Nussmus. Für besondere Rezepte nutze ich aber auch immer noch gerne ein sanft geröstetes Erdnuss- oder Mandelmus.

Bei rohen Nussmusen empfehle ich ganz klar weißes Mandelmus; ich schmecke dort fast keinen Unterschied.

Einen QR-Code zu einer ständig von mir aktualisierten Liste zu Bezugsquellen findest du am Ende dieses Buches. Die dort verlinkten Nussmuse sind geschmacklich sowie von der Qualität alle 1A.

Pflanzliche Öle

Pflanzliche Öle können eins der schädlichsten Dinge sein, die du isst ... oder sie können deine Ernährung enorm bereichern.

Pflanzliche Öle solltest du genau wie Nüsse nur in ihrer rohen, ursprünglichen Form verzehren. Das heißt, kaltgepresst bei maximal 42 Grad.

Leider werden viele im Supermarkt vertriebenen Öle auf über 42 Grad erhitzt. Dadurch gehen a) wertvolle Nährstoffe wie Vitamin E und die Polyphenole verloren und b) entstehen im schlimmsten Fall noch Transfettsäuren, welche eine der schädlichsten Substanzen ist, die du deinem Körper zuführen kannst.

Transfettsäuren findest du in frittierten Gerichten (insbesondere in Buden, wo das Öl mehrfach verwendet wird), Fertiggerichten aus dem Supermarkt, Chips, Gebäck und überall da, wo Öl hoher Hitze ausgesetzt wurde.

Für die Rezepte aus diesem Buch benötigst du ein hochwertiges rohes Olivenöl. Verwenden werden wir es für wunderbar cremigen Hummus, knackige Salate oder das Tahina-Dattel-Dressing.

Wer etwas mehr auf Tasche hat, gönnt sich vom Biodealer ein besonders polyphenolreiches Olivenöl. Polyphenole wirken antioxidativ.[48] Sie halten dich also knackig und frisch.

Zum Braten und Backen verwenden wir Kokosöl, da es mit das stabilste Öl gegen die Bildung von Transfettsäuren ist. Magst du den Geschmack von Kokos nicht, nimm gerne ein Avocadoöl oder Erdnussöl.

Diese beiden Öle sind die einzigen, die du für dieses Buch wirklich brauchst. Alles danach sind optionale Ergänzungen.

Eine davon ist rohes Leinöl aus dem Bioladen. Achte darauf, dass es zusätzlich in einem Pappkarton gelagert wird. Denn Licht, Wärme und Sauerstoff sind die größten Feinde der wertvollen Fettsäuren im Leinöl. Alternativ bestellst du dir dein Leinöl frisch gepresst von Naturkostläden. Dort, wo ich mein Leinöl herhole, wird es ein paar Tage vorher frisch für mich gepresst. Besser geht's fast nicht.

Auch diese Quelle ist hinten im Buch verlinkt.

Das Öl mit der höchsten antibakteriellen Wirkung ist Schwarzkümmelöl.[49] Ähnliche Effekte lassen sich jedoch mit frisch gepresstem Rote-Bete-Saft erzielen.[50]

Walnussöl ist toll im Geschmack, leicht buttrig und mild.

Zudem liefert es ebenso wie Chiaöl viel wertvolles Omega-3, Leinöl ist aber die deutlich günstigere und hinsichtlich der Omega-3-Fettsäuren bessere Alternative.

Einweichen

Nüsse und Samen solltest du vor dem Verzehr einweichen. ... So zumindest lautete meine ständige Empfehlung in meinen Instagram-Storys, sowie die vieler anderer Ernährungsexperten.

Grund dafür soll die Reduktion der Phytinsäure sein, welche die Aufnahme von Mineralstoffen aus Lebensmitteln hemmt, da die Phytinsäure Mineralstoffe wie Zink, Magnesium, Calcium usw. an sich bindet.

Neuste Studien legen jedoch nahe, dass das Einweichen von Nüssen nicht nur einen geringen Einfluss auf die Phytinsäure hat, sondern zusätzlich noch Mineralstoffe verloren gehen, welche ins Einweichwasser übergehen.[51]

Dennoch kann das Einweichen von Nüssen und Samen einen positiven Effekt auf ihre Verdaulichkeit haben. Ob dies auch bei dir der Fall ist, solltest du ausprobieren. Insbesondere bei Haselnüssen, Mandeln und Pekannüssen bleibt der Crunch weitestgehend erhalten. Macadamianüsse bekommen hingegen einen eigenartigen Geschmack, Cashewkerne und Walnüsse werden weich.

Für roh-vegane Cheesecakes, Desserts und selbstgemachte Pflanzenmilch ist das Einweichen hingegen immer von Vorteil. So wird das Endergebnis schön cremig und dein Mixer hat weniger zu tun.

Ich weiche Nüsse nur noch selten ein, achte jedoch auch hier immer auf absolute Premium-Rohkostqualität, da viele Nüsse der Einfachheit halber bei der Verarbeitung starker Hitze ausgesetzt werden, insbesondere im konventionellen Bereich. Der Begriff „naturbelassen" auf Nuss-Verpackungen ist leider wenig geschützt und gibt keine Auskunft darüber, wie natürlich der Inhalt wirklich ist.

Die Einweichzeiten für verschiedene Nüsse sind recht unterschiedlich. Ich empfinde es jedoch als unpraktisch und unrealistisch, auf die Stunde genau darauf zu achten, wie lange die Nuss eingeweicht ist. Deshalb weiche ich meine Nüsse über Nacht ein. Fünf Stunden sollten es jedoch mindestens sein, wenn du ein cremiges Essen daraus zaubern möchtest.

Rohe Säfte

Hast du ein paar Hunderter auf der Tasche und willst sie in etwas richtig Gutes investieren, empfehle ich dir einen *Slow Juicer*. Für mich und meine Freundin Vicky war es die beste Investition seit Langem. Solch ein *Slow Juicer* presst bedingungslos die Vitamine, Mineralstoffe und sekundären Pflanzenstoffe aus deinen Lebensmitteln und hinterlässt im sogenannten Trester alle Faserstoffe wie Proteine, einen Teil der Ballaststoffe, Kohlenhydrate und Fette, also im Prinzip einen Großteil der Makronährstoffe.

Der Vorteil? Du bist durch solch einen Saft in der Lage, gleich am Morgen die Vitalstoffe aus 500–1000 g Obst und Gemüse zu dir zu nehmen, ohne dabei eine riesige Menge davon essen zu müssen. Du saugst dir quasi den Nektar aus der Pflanze.

Die Bioverfügbarkeit bei Säften – dasselbe gilt im Übrigen auch für Smoothies – ist dabei deutlich höher als bei ganzem Obst und Gemüse.

Das heißt jetzt aber nicht, dass du dein Grünzeug nur noch als Saft konsumieren solltest, denn insbesondere wenn viel Obst entsaftet wird, überflutest du deinen Körper mit einer großen Menge an Zucker. Langfristig kann das dein Risiko für Typ 2 Diabetes erhöhen. Das Problem, warum der Zucker aus einem frisch gepressten Orangensaft nicht mehr so natürlich ist wie aus einem frischen Orangensmoothie liegt an den Ballaststoffen, welche beim Entsaften überwiegend im Trester landen und somit den Blutzuckerspiegelanstieg in deinem Körper nicht mehr kontrollieren können.

Ich handhabe es deshalb in der Regel so, dass ich mein Obst im Smoothie mixe und mein (grünes) Gemüse entsafte. Zum Schluss vermixe ich dann beides nochmal im Mixer. So habe ich zum einen die Vitalstoffe aus dem Gemüse und zum anderen kontrollieren die Ballaststoffe aus dem Obst auf natürliche Weise den Blutzuckeranstieg.

Grüne Smoothies

Grünes Blattgemüse zu verzehren, ist eine der wirkungsvollsten Strategien, dein Leben zu verlängern.[52]

Stell dir vor, es gäbe ein Getränk, das jeder einnehmen könnte, was vor beinahe jeder chronischen Krankheit schützt und keine Nebenwirkungen hat. Du findest es in jedem Supermarkt: eine Packung Spinat gemixt mit ein paar Beeren und gutem, gefilterten Wasser.

Du solltest es dir zur Angewohnheit machen, mehr Grün zu essen, egal ob du Muskeln aufbauen, abnehmen, dich heilen oder einfach nur knackiger aussehen willst.

Ich verzehre mein grünes Blattgemüse insbesondere in der Saison gerne als Smoothie. Das Mixen hat den Vorteil, dass die Zellwände von grünem Blattgemüse aufgebrochen werden. Dadurch wird es für deinen Körper besser verfügbar. Hierfür empfehle ich einen Hochleistungsmixer. Auch wenn die Dinger preislich zwischen 200 € und 500 € liegen, lohnt sich so ein Kauf, denn die Teile machen absolut alles klein und halten oft ein Leben lang.

Die Ergebnisse beeindrucken mich jedes Mal wieder aufs Neue. Neulich erst habe ich einer Bekannten einen puren Orangen-Mandarinen-Smoothie zubereitet und sie war fest davon überzeugt, dass der Smoothie Wasser enthalten muss, denn „so cremig kann doch kein reiner Obst-Smoothie sein".

Falls du dich bisher nicht an grüne Smoothies getraut hast, probier unbedingt die Rezepte in diesem Buch. Sie sind auf Geschmack und Nährstoffgehalt optimiert. Umso erfahrener du wirst, umso mehr kannst du den Anteil an Blattgemüse erhöhen und das süße Obst reduzieren oder gegen eine Gurke tauschen.

Dadurch, dass beim Mixvorgang die Zellen vom Blattgemüse aufgebrochen werden, sind Nährstoffe wie z. B. das Chlorophyll für den Körper deutlich besser verwertbar. Deshalb ist es sinnvoll, regelmäßig grüne Smoothies in deine Ernährung zu integrieren. Du findest im Kapitel „Getränke" ein paar simple Standardrezepte. Tiefkühl-Blattgemüse zu verwenden, hat den Vorteil, dass der Smoothie auch gleich schön eiskalt ist. Ich verwende meist trotzdem lieber frisches Blattgemüse der Saison wie Kopfsalat oder Spinat.

Süßungsmittel

Zucker ist Zucker. Das gilt für jede „gesunde" Zuckeralternative, die dir angepriesen wird. Egal ob Agavendicksaft, Ahornsirup, Kokosblütenzucker oder Reissirup. Sie alle sind in der Form keine natürlichen Lebensmittel und lösen somit in unserem Körper auch keine natürlichen Reaktionen aus. Durch ihre frei schwimmenden Fruktose- und Glukosemoleküle lassen sie den Blutzucker rasch in die Höhe schießen, was insbesondere auf nüchternen Magen und in größeren Mengen zu Problemen führen kann. Dasselbe gilt mit einer kleinen Ausnahme auch für die Süßungsmittel, welche wir im Buch verwenden.

In diesem Buch verwenden wir als Süßungsmittel ausschließlich Yaconsirup und rohen, kaltgeschleuderten Biohonig.

Yaconsirup enthält sogenannte FOCS, Fructooligosaccharide.

Diese zählen nicht nur zu den löslichen Ballaststoffen, sondern dienen deinen guten Darmbakterien als Nahrung – Präbiotika also. Kurz zur Erinnerung: Deine guten Darmbakterien (Probiotika) brauchen Nahrung (Präbiotika). Umso mehr hochwertige Präbiotika du isst, umso gesünder ist dein Darmmilieu und bist somit auch du.

Wichtig an dieser Stelle zu erwähnen sind sogenannte Bifidobakterien. Diese finden sich im Verdauungssystem sowie in der Vagina von Frauen und halten böse Bakterien und Krankheitserreger bei gesunden Menschen fern.

Regelmäßiger Verzehr von Yacon führt dazu, die Anzahl der Bifidobakterien im Körper zu erhöhen.[53] Zudem – und das ist einzigartig für ein „Süßungsmittel" – können 40 ml Yaconsirup zum Frühstück nicht nur deinen Blutzuckerspiegel, sondern auch deinen Insulinspiegel kontrollieren bzw. senken.[54] Wichtig ist, schrittweise mit der Integration von Yacon zu beginnen, sodass sich dein Darm daran gewöhnen kann, ansonsten kommt es zu Pups-Attacken .

Yaconsirup findest du meistens online. Er ist zwar nicht ganz günstig, wird in den Rezepten jedoch nur sparsam verwendet. Auch meinen Yaconsirup findest du in den Bezugsquellen.

Rohen Honig bekommst du im Reformhaus oder im Bioladen. Falls du Angst wegen des Zuckers im Honig hast, solltest du dir bei moderaten Mengen keine Sorgen machen, denn die gesundheitlichen Vorteile sind enorm. Die vielen Pflanzenstoffe im Honig sind in der Lage, Pathogene – also unerwünschte Keime – abzutöten, unsere DNA zu reparieren, Entzündungen zu reduzieren und vor Infekten zu schützen.[55] Es soll Menschen geben, die bei Erkältungen nichts anderes zu sich nehmen als hochwertigen, rohen Manuka-Honig.

Wann immer ich eine Orange esse, träufele ich ein wenig Honig darüber. Das verstärkt die Wirkung des in Orangen enthaltenen Pektins gegen Viren und schädliche Bakterien im Darm.[56]

Dennoch sollte Honig nur in moderaten Mengen gegessen werden. Ich sehe Honig eher als Würzmittel wie Sojasoße oder Tomatenmark und esse nie mehr als 1 TL zu meiner Mahlzeit.

Zubereitungsmethoden

Einige Lebensmittel, die man im Internet kaufen kann, sind mit „Raw" gekennzeichnet. *Raw* steht dabei für Rohkost, also nicht über 42 Grad erhitzt. Da kommt die Frage auf: Ist es gesünder, seine Lebensmittel roh zu verzehren, anstatt sie zu kochen? Ja und nein.

Rohkost hat den Vorteil, dass Enzyme, sekundäre Pflanzenstoffe und Vitamine größtenteils erhalten bleiben. Insbesondere Vitamin C ist empfindlich gegen Hitze und Wasser, geht somit also beim Backen und Kochen mit der Zeit verloren.[57]

Das Kochen hat jedoch auch einige Vorteile: Aromen werden entfaltet, Zellwände aufgebrochen und einige stark zellschützende Antioxidantien wie das Betacarotin werden aus gekochten Möhren z. B. sogar besser vom Körper absorbiert als aus rohen.[58]

Ich für mich handhabe es so, dass ich stärkehaltiges Gemüse wie Rote Bete, Möhre, Süßkartoffel und Kürbis entweder koche oder entsafte.

Violettes Obst, Zwiebelgewächse und Brokkoli esse ich teils roh, teils gekocht. Grünes Blattgemüse hingegen esse ich fast ausschließlich roh, meistens im Smoothie.

Wenn ich mein Gemüse zubereite, dann meistens durch Dampfgaren oder kurzes Braten. Beim klassischen Kochen im Kochtopf gehen viele Nährstoffe ins Wasser über und somit verloren. Trinkst du das Wasser jedoch mit, wie bei einer Suppe, fängst du die Nährstoffe wieder ein.

Dampfgaren und kurzes Braten in der Pfanne sind deutlich schonender. Ich empfehle dir einen richtig guten Dampfgarer zu kaufen, er ist goldwert – und es geht nichts über knackig dampfgegarten Brokkoli.

Frittieren und zu langes Backen bei hohen Temperaturen meide ich. Paprika z. B. verliert beim Backen bis zu 70 % ihres Vitamin-C-Gehalts[59]. Zwiebeln, Rote Bete, Möhren, Sellerie und Bohnen hingegen verlieren nur wenig ihrer antioxidativen Kraft.

Beim Backen gehe ich nur selten über die 150-Grad-Grenze. Enzymatische Aktivitäten haben zwei Schwellen: Die 50-Grad-Grenze und die 150-Grad-Grenze. Bei Temperaturen ab 50 Grad nimmt ihr Gehalt rapide ab, dasselbe gilt dann nochmal für alles, was über 150 Grad erhitzt wurde. Für die meisten Gerichte ist es ausreichend, bei 130–140 Grad zu backen, es dauert dann nur etwas länger.

Gekeimtes Getreide

Getreide darfst du ab jetzt gerne im gekeimten Zustand verzehren. Beim Keimprozess wird das jeweilige Getreide für eine Zeit lang eingeweicht und dann – zumindest bei guten Produkten – luftgetrocknet. Es ist also so gesehen noch im rohen Zustand, da es keiner Hitze ausgesetzt wurde. Rohes Getreide ist für den Körper schwer verdaulich und traditionelle Flocken, wie du sie im Supermarkt oder Bioladen kaufen kannst, wurden vorher auf mindestens 90 Grad erhitzt, um sie haltbar zu machen. Das macht sie jetzt nicht zu einem ungesunden Lebensmittel, ich möchte nur, dass du das weißt.

Wer gerade nicht so viel in der Kasse hat, greift weiterhin zu normalen Haferflocken. Auf Bioqualität solltest du dennoch achten, da Hafer zu den Lebensmitteln mit der höchsten Schadstoffbelastung gehört.[60]

Das Erhitzen hat den Nachteil, dass auch hier einige wertvolle Nährstoffe vom Hafer verloren gehen. Die Königklasse des „Haferflocken-Essens" ist es, ganzen gekeimten Hafer zu kaufen und diesen frisch in der Flockenquetsche zu Haferflocken zu flocken.

Solch eine Flockenquetsche kostet um die 150 € und auch gekeimter Hafer ist deutlich teurer. Wenn du jedoch das nötige Kleingeld hast und regelmäßig Haferflocken verzehrst, ist es definitiv eine Investition, über die es sich nachzudenken lohnt. Ich möchte beides nicht mehr missen.

Tierische Alternativen

Tierische Alternativen, sogenannte Ersatzprodukte, wirst du in diesem Buch keine finden. Alternativen zu Käse und Fleisch waren für mich noch nie Produkte aus modifizierter Stärke, Kokosöl und hoch verarbeitetem Sojaprotein, sondern Nüsse, Samen und Hülsenfrüchte.

Viele im Handel erhältliche Alternativen zum „Original" bestehen aus künstlichen, isolierten Zutaten und sind hochverarbeitet. Für das Tier sind sie ein Segen, da es so weiterleben darf und auch für den Planeten haben sie einige Vorteile, deiner Gesundheit tun sie jedoch in den meisten Fällen nichts Gutes. Ab und zu eine vegane Lyoner oder einen veganen Käse zu essen, ist natürlich kein Problem, täglich solltest du diese Produkte jedoch nicht verzehren.

Ich für mich habe eine einfache Regel bei solchen Produkten gefunden: Wenn zwei von den ersten drei Zutaten aus Öl, Stärke oder Protein-Isolat bestehen (wie Erbse oder Soja) und der Salzgehalt weit über 1 Gramm liegt, lege ich es zur Seite.

Im Bioladen findest du einige Bällchen und Taler, dessen Salzgehalt zwar ebenfalls im asozialen Bereich liegt, dafür stehen aber an erster Stelle der Zutatenliste Gemüse, Vollkorngetreide oder Hülsenfrüchte.

Pflanzliche Milch ist ebenfalls leicht selbst herzustellen. Im Buch machen wir unsere pflanzliche Milch immer selbst. Du wirst sehen, wie einfach das ist, und auch das Ergebnis überzeugt.

CLAUDE MONET

VORBEREITUNG: DIE SUPERFOODS DER 100-WERDEN-DIÄT

Im Folgenden findest du die wichtigsten Superfoods der 100-werden-Diät. Bevor du mit dem Kochen loslegst, rate ich dir, einmal gründlich einzukaufen, sodass du immer alles dahast. So bist du optimal vorbereitet.

Yaconsirup oder roher Honig

Findest du mit etwas Glück im Bioladen. Ich hole meinen jedoch ausschließlich online. Achte darauf, dass er die Bezeichnung Rohkostqualität besitzt. Wenn wir süßen, nutzen wir Yacon. Alternativ besorgst du dir aus dem Reformhaus einen kaltgeschleuderten Biohonig aus Deutschland, am besten flüssig.

Hanfsamen

Hanfsamen bekommst du mittlerweile sogar schon bei DM. Eine 3-€-Packung hält bei täglichem Konsum von ca. 20 g 10 Tage und die gesundheitlichen Vorteile sind enorm. Sie enthalten viel Omega-3, Zink und Protein. Ich streue über jede meiner Mahlzeiten zum Schluss ein paar Hanfsamen.

Wilde Blaubeeren

Wilde Blaubeeren findest du im Bioladen, REWE oder EDEKA in der Tiefkühlabteilung. Probiere dich einfach mal ein wenig durch, welche dir am besten schmecken. Solltest du keine wilden Blaubeeren finden können, nimm ruhig normale; das ist immer noch super.

Rohe Nussmuse

Diese findest du im Reformhaus oder online. Preislich macht es oft gar nicht so einen großen Unterschied. Für alltägliche Gerichte verwende ich rohe, ungeröstete Nussmuse. Das hält mich aber nicht davon ab, auch mal eine Banane in wunderbar cremiges Erdnussmus zu tunken – himmlisch.

Olivenöl

Ein hochwertiges, kaltgepresstes Olivenöl ersetzt im Prinzip einen gesamten Vorrat billiger Speiseöle. Es gibt wirklich viele geschmackvolle Öle, jedoch benötigst du für dieses Buch neben einem Kokosöl zum Braten im Prinzip nur ein hochwertiges, rohes Olivenöl. Ein gutes Olivenöl sollte schon mindestens seine 10 € kosten – das schmeckt man nachher auch. Mit so einem Öl kommst du aber auch einige Wochen aus. Ich esse täglich 2 EL Olivenöl.

KÜCHENWERKZEUGE

Kochen sollte Spaß machen. Dazu gehört auch richtig gutes Werkzeug. Wenn du bei null anfängst und nicht gerade ein paar Tausend Euro zum Ausgeben parat hast, solltest du dir mit deinem Equipment Zeit lassen. Spare lieber auf ein richtig gutes Gerät, anstatt als schnelle Lösung etwas Billiges zu kaufen.

Dampfgarer

Falls du es nicht bereits getan hast, empfehle ich, dir einen richtig guten Dampfgarer zuzulegen. Wie bereits im *Quick Start Guide* erläutert, stellt das Dampfgaren eine der schonendsten Zubereitungsmethoden dar, da das Gemüse weder in Kontakt mit dem Wasser noch in Kontakt mit starker direkter Hitze kommt. Von Kartoffeln, über Pilze bis hinzu Brokkoli, Kürbis und Möhren (dampfgegarte Möhren mit etwas Olivenöl oder Rohmilchbutter sind wahnsinnig lecker) kannst du alles schonend in solch einem Dampfgarer zubereiten. Wenn du online nach „Multidämpfaufsatz" suchst, findest du tolle Modelle, die sich gleich für mehrere Topfdurchmesser eignen.

Messer

Im Prinzip brauchst du nur zwei Messer: ein Brotmesser zum Schneiden von Orangen, Zitronen und dem Öffnen von Tofu-Packungen (klappt wirklich gut) sowie ein richtig gutes Schneidemesser. So etwas lässt sich auch immer toll zum Geburtstag oder zu Weihnachten wünschen. Mindestens genauso wichtig wie die Wahl des Messers ist der Akt des Schleifens. Eine Tomate sollte sich ergeben, sobald die Klingt auf sie trifft. Dann weißt du, dass dein Messer so richtig schön scharf ist. Mit stumpfem, schlechtem Equipment zu kochen, macht nicht nur keinen Spaß, sondern erhöht auch die Gefahr, dass du abrutschst und dich verletzt. Falls du kein Schleifgerät zu Hause hast, kannst du deine Messer auch in geeignete Werkstätten bringen. Der Service ist top und das Ganze kostet nur ein paar Euro.

Küchenwaage

Die Zutaten im Buch sind exakt abgemessen. Manchmal findest du auch krumme Angaben. Um dies nachvollziehen zu können, empfehle ich eine gute, stabile, digitale und wiederaufladbare Küchenwaage. Wenn sie noch spritzwassergeschützt ist, bist du auf der ganz sicheren Seite.

Mixer

Gute Mixer – sogenannte Hochleistungsmixer – beginnen bei ca. 200 €. Kein günstiger Preis für ein Küchengerät. Aber die Dinger sind es absolut wert. Mein Gerät hat 3 PS, ist seit 2016 täglich (mehrmals) in Benutzung und schnurrt wie am ersten Tag. Wenn du dir erst mal nur ein teures Gerät zulegen kannst, empfehle ich, mit einem Mixer zu starten. Die Smoothies werden unglaublich cremig, du kannst dir deine Samen mahlen, Haferflocken zu Mehl verarbeiten und mit etwas Geschick kannst du sogar Cremes, Dressings, Sorbets, Nussmuse und Hummus erstellen.
Für Letzteres empfehle ich jedoch eher einen …

Zerkleinerer

Einen richtig guten Zerkleinerer kriegst du schon für knapp 30 € und er eignet sich hervorragend für Hummus, roh-vegane Kuchenböden und Energy-Balls. In den letzten Jahren habe ich die 500-W-Modelle von Grundig und Kenwood getestet, auch wenn beide ihre Funktion erfüllen, würde ich das letztere Modell eher empfehlen.

Flockenquetsche

Solltest du regelmäßig Haferflocken essen, versichere ich dir, dass du nach dem Kauf einer Flockenquetsche nie mehr zurück zu normalen Haferflocken aus dem Laden gehen möchtest. Eine Flockenquetsche ermöglicht es dir, aus dem ganzen Haferkorn frische Haferflocken zu quetschen, die sowohl geschmacklich als auch gesundheitlich den Supermarktflocken um Meilen voraus sind. Solche Modelle gibt es bereits für 150 € bis 200 €. So eine Quetsche ist kein Muss, aber ein sehr nettes Nice-to-Have.

Entsafter (*Slow Juicer*)

Ein Entsafter sollte, wie ich finde, nicht oben auf der Prioritätenliste stehen, da er nicht nötig ist, um sich gesund zu ernähren. Dennoch kannst du mit frisch gepressten, rohen Säften deine Gesundheit auf ein ganz neues Level bringen. Seit ich täglich einen großen frisch gepressten Gemüsesaft trinke, haben sich mein Energielevel, meine körperliche Leistungsfähigkeit sowie mein Hautbild verbessert. Bei Entsaftern ist es wichtig, auf Qualität zu achten und sich einen *Slow Juicer* zuzulegen. Bei Zentrifugal-Entsaftern, welche man meist schon für ein paar Euros erhält, gehen durch Wärme und Sauerstoff viele Nährstoffe verloren. Dafür geht das Ganze aber um einiges schneller. Die Königsklasse der Entsafter ist der *Angel Juicer*. Dieser kostet aber auch mindestens 1000 €. Gute Premium-Modelle, die deutlich günstiger sind, beginnen bei 500 €.

Keramikpfanne

Beschichtete Pfannen sind praktisch, insbesondere wenn die Ölzugabe minimiert werden soll. Leider enthalten jedoch immer noch viele Pfannen bestimmte Alkylverbindungen, meist PFAS genannt. Diese sind vom Körper nur schwer abbaubar und sammeln sich im Menschen durch die Nutzung falscher Pfannen im Blut an, insbesondere wenn sich die Beschichtung in der Pfanne löst und ins Essen übergeht.

Deshalb solltest du auf Keramikpfannen setzen, die frei von PFAS und PTFE sind. Es gibt mittlerweile etliche Angebote auf dem Markt. Die Ergebnisse sowie die Handhabung und Reinigung überzeugen auf ganzer Linie.

FRÜHSTÜCK: DIE SUPER 6

Die Super 6 ist eine von mir insbesondere fürs Frühstück zusammengestellte Liste, die dich gleich am Morgen mit wichtigen hochwertigen Proteinen, Omega-3-Fettsäuren, Vitamin E und einer großen Bandbreite an Mineralstoffen versorgt. Ich habe immer alle sechs da und esse sie auf wöchentlicher Basis.

Walnüsse

Walnüsse sind die zweitstärksten Nüsse in puncto Zellschutz. Nur Pekannüsse haben noch mehr Power, sind aber deutlich teurer. Dafür haben Walnüsse ein günstiges Omega-3-Verhältnis. Hast du etwas mehr auf Tasche, besorgst du dir online welche in hundertprozentiger Rohkostqualität. Das ist optimal.

Leinsamen

Leinsamen sind eines der günstigsten, unscheinbarsten und gesündesten Lebensmittel, die du essen kannst. Sie liefern hochwertiges Omega-3, können durch die Lignane vor Brustkrebs schützen[61] und sind eine der großartigsten Ballaststoffquellen, die du essen kannst. Optimalerweise kaufst du sie ganz und schrotest sie einmal in der Woche selbst. Das geht schnell mit einer Kaffeemühle. Die findest du online schon für knapp 10 Euro. Alternativ haust du sie einfach in deinen Mixer, Hauptsache, du brichst sie auf. Wenn das alles nicht möglich ist, kaufe lieber fertig geschrotete Leinsamen anstatt ganze, so können die Fette besser vom Körper absorbiert werden.

Sonnenblumenkerne

Sonnenblumenkerne esse ich vorrangig wegen des hohen Vitamin-E-Gehalts. Hier sind sie eine der besten ihrer Klasse! 20 g Sonnenblumenkerne reichen bereits aus, um 30–40 % deines Tagesbedarfs zu decken. Wichtig ist, die Sonnenblumenkerne roh zu essen. Röstest du sie, können bis zu 80 % des hitzeempfindlichen

Vitamin E verloren gehen. Vitamin E ist essenziell für deinen Zellschutz und eine Unterstützung für dein Immunsystem.[62]

Hanfsamen

Hanfsamen sind DAS Lebensmittel. Wenn mich jemand auf einer einsamen Insel absetzen würde und ich nur drei Lebensmittel zum Überleben mitnehmen dürfte, wären es Hanfsamen, ganze Kokosnüsse und Datteln. Für alle, die Sport treiben, sind Hanfsamen ideal, denn sie liefern alle essenziellen Aminosäuren und sind somit ein vollständiges Protein. Zudem liefern Hanfsamen wertvolle Omega-3-Fette sowie Magnesium, Kalium und Eisen. Damit lassen sich Entzündungen nach dem Sport reduzieren und die Erholung wird beschleunigt. Du findest Hanfsamen im Kapitel „Drinks" in meinem 100-werden-Shake, den du optimalerweise dreimal die Woche trinkst.

Ungeschälte Hanfsamen sind recht hart. Ich verwende ausschließlich geschälte Hanfsamen, sogenannte *Hemp Hearts* (= Hanfherzen).

Datteln

Datteln sind streng genommen keine Trockenfrüchte, denn sie trocknen in der Natur von alleine am Baum. Obwohl sie einen Zuckeranteil von bis zu 80 % besitzen können, lassen sie den Blutzucker aufgrund der Ballaststoffe kontrolliert steigen. Die Könige der Datteln sind Medjool-Datteln. Leider sind diese meist überzüchtet. Deshalb schmecken sie auch so unfassbar intensiv. Da ich ihren Geschmack jedoch so sehr liebe, kaufe ich mir alle paar Monate in Großpackungen eine Kiste Ur-Medjool-Datteln aus Saudi-Arabien. Diese werden traditionell ohne Dampf oder zusätzliche Hitze angebaut – ein absoluter Traum. So wie die Avocado die Butter der Natur ist, ist die Dattel das Bonbon der Natur.

Rohe Schokolade

Ich liebe Schokolade in ihrer puren, vollkommenen und rohen Form. Richtig gute (Roh-)Schokolade findest du im Bioladen von den Firmen LoveChock (roh), GEPA (geröstet) oder VIVANI (geröstet).

Ich stelle mir meine Schokolade am liebsten selbst her. Dafür vermenge ich einfach 90 g geschmolzene Kakaobutter, 70 g flüssiges, rohes Nussmus, 20 g flüssige Süße und 40 g Rohkakaopulver in einer Schüssel. Die Masse fülle ich dann in Eiswürfelbehälter und lasse sie im Tiefkühlfach 30 Minuten fest werden. Gelagert wird sie dann im Kühlschrank. So habe ich jeden Morgen meine eigene Schokolade im Müsli – wirklich lecker!

Rohe Schokolade ist vollgepackt mit Antioxidantien und wahrscheinlich einer der leckersten Wege, aktiven Zellschutz zu betreiben.

WAS DU MEIDEN SOLLTEST

Ich bin bis heute davon überzeugt, dass wir viele Ernährungstrends, Hypes und Superfoods gar nicht bräuchten, wenn wir auf die gegenteiligen Trends und „Lebensmittel" verzichten würden, die unserer Gesundheit schaden.

Keiner sagt etwas dagegen, ab und zu mal zu snacken oder sich eine ganze Tafel Rohschokolade reinzuziehen, aber eine Ernährung auf Basis von kalorienreichen und gleichzeitig nährstoffarmen Lebensmitteln fährt den Zug irgendwann gegen die Wand.

Deshalb erwähne ich auch immer wieder, wie wichtig es ist, ganze Lebensmittel zu konsumieren. Denn unnatürliche Lebensmittel lösen im Körper unnatürliche Reaktionen aus.

Orientierst du dich an den Rezepten im Buch, musst du dir keine Sorgen um das Thema machen.

Hier eine Liste an Stoffen, die dein Körper sicher nicht vermissen wird, wenn du sie aus deiner Ernährung streichst.

E-Nummern

E-Nummern sind meist chemische Zusatzstoffe, die unseren Lebensmitteln zugefügt werden, um sie beispielsweise länger haltbar zu machen.

Zwar werden nicht alle E-Nummern als gesundheitsschädlich eingestuft, dennoch haben diese für mich sehr fragwürdigen Stoffe auf unseren Tellern nichts zu suchen.

Dabei können Lebensmittel auch ohne solche Stoffe haltbar gemacht werden. Denn auch das Zufügen von Zucker, Essig oder Salz erhöht die Langlebigkeit vieler Regalprodukte. Nicht unbedingt optimal, aber bevor meine Kichererbsen aus dem Glas mit Chemie vollgepumpt werden, akzeptiere ich lieber geringe Mengen an Salz. Auch das Trocknen, Fermentieren und Keimen macht Lebensmittel länger haltbar.

Pflanzenöle

Zu Vicky sage ich immer: Pflanzenöle können deine Gesundheit fördern, oder sie ruinieren. Hochwertige, kaltgepresste Pflanzenöle wie Lein-, Algen- oder Olivenöl sind ein fester Bestandteil der 100-werden-Diät. Billige und hocherhitze Pflanzenöle wie Sonnenblumenöl, Rapsöl und Sojaöl darfst du gerne meiden.

Diese Öle finden sich meist in Fertigprodukten und werden wegen des Geschmacks hinzugefügt, da Fett bekanntlich ein Geschmacksträger ist. Leider verändern diese Öle bei hohen Temperaturen jedoch ihre Zusammensetzung an Fettsäuren. Das Ergebnis sind Transfettsäuren, die als einer der gesundheitsschädlichsten Stoffe in unserer Ernährung eingestuft werden.

Salz

Wenn du aus ganzen naturbelassenen Lebensmitteln kochst, ist es beinahe unmöglich, zu viel Salz zu dir zu nehmen. Selbst wenn du gerne salzig isst, 200 g Brokkoli mit 2 TL Salz gewürzt kriegen die wenigsten runter.

Das Problem liegt also nicht im Salzstreuer, sondern in den Produkten, denen Salz untergemischt wurde.

Wir bekommen also gar nicht mit, wie viel Salz wir essen, da die Stoffe so geschickt kombiniert sind, dass es eben einfach nur geil schmeckt.

Das gilt im Übrigen nicht nur für die Klassiker wie Chips, Salzbrezeln und Brötchen, sondern auch für so etwas wie fertigen Hummus und Räuchertofu.

Während ich meinen Hummus ausschließlich selbst zubereite, hält mich das jedoch trotzdem nicht davon ab, auch mal Räuchertofu zu essen. Ich möchte einfach nur ein Bewusstsein schaffen.

Emulgatoren

Emulgatoren nutzt die Lebensmittelindustrie, um zwei nicht miteinander mischbare Flüssigkeiten miteinander zu vermengen, z. B. Öl und Wasser.

Das führt dazu, dass Nussmuse und Aufstriche schön homogen sind und die Kokosmilch immer perfekt cremig ist.

Mittlerweile stehen diese Stoffe jedoch im Verdacht, Darmerkrankungen zu begünstigen. Da frage ich mich immer: Wieso werden diese Stoffe überhaupt genutzt? Weil immer alles perfekt aussehen soll?

Die Natur ist nicht perfekt, sondern natürlich.

Es ist natürlich, dass die Kokosmilch im Winter fest ist und sich das Mark vom Wasser löst, genauso wie sich bei guten Nussmusen eine Ölschicht absetzen kann.

Ich persönlich rühre lieber ein paar Minuten im Glas herum, bis alles vermengt ist, als fragwürdige Zusatzstoffe in meinem Essen zu akzeptieren.

Lange Zutatenlisten

Lange Zutatenlisten sind nicht immer schlecht. Ich kenne einige Bio-Produkte, die über zehn Zutaten enthalten, aber alle natürlichen Ursprungs.

Leider ist dies jedoch nicht die Regel.

Von Maltodextrin über Farbstoffe bis hinzu Aromen ist oft alles dabei, um uns so süchtig wie möglich zu machen.

Ich will die Lebensmittelindustrie nicht komplett schlechtreden. Aber die meisten Produkte in den Regalen unserer Supermärkte wurden für den Profit entwickelt, nicht für unsere Gesundheit.

Alles mit mehr als fünf Zutaten kommt bei mir meistens erst gar nicht in den Einkaufswagen.

WIESO EINE GESUNDE LEBENSWEISE SO WICHTIG IST

Erinnerst du dich daran, als du das letzte Mal erkältet im Bett lagst?

Wahrscheinlich war dein größter Wunsch, einfach wieder gesund zu sein. Denn Krankheit blockiert alles: arbeiten, trainieren, feiern gehen, sich mit Freunden treffen, gutes Essen genießen, reisen und vieles mehr. Aus diesem Grund ist es so wichtig, auf deinen Körper zu achten, denn er ist derjenige, der dich zu allem befähigt, was du im Alltag tust.

Leider sehen viele von uns das, was unser Körper auf täglicher Basis leistet, als Selbstverständlichkeit an. Das führt dazu, dass sie mit zunehmendem Alter immer weniger für die Aufrechterhaltung ihrer Fitness tun. Dabei sollte es eigentlich genau andersherum sein.

Es gibt beeindruckende Beispiele von 90-jährigen Fitnesstrainerinnen und 85-jährigen Marathonläuferinnen aus Asien, deren Körper sich noch immer hoher Fitness erfreuen.

Leider verlieren wir uns jedoch im Alltagsstress zwischen Schule, Uni, Kind, Arbeit und allen anderen Dingen so sehr, dass Zeit und Energie für eine gesunde selbstgekochte Mahlzeit und ein Training am Morgen oder Abend ausbleiben.

Dabei sind eine hochwertige Ernährung und moderater Sport das, was uns wortwörtlich am Laufen hält und uns im Alltag langfristig leistungsfähiger und belastbarer macht.

Chronische Rückenschmerzen, häufige Erkältungen, mehrere Tassen Kaffee pro Tag sowie Medikamente und viele andere Probleme könnten wir durch mehr Bewusstsein auf unsere Ernährung, Bewegung und unseren Schlaf enorm reduzieren.

Da ich weiß, dass auch in dir dieses Bewusstsein steckt, habe ich dieses Buch geschrieben, um dich dabei zu unterstützen, es im Alltag nicht zu verlieren.

Rezepte

ENERGIE FÜR DEN TAG

NUSS-DATTEL-GRANOLA

Schonend gebacken – ohne Zucker & Öl
Glutenfrei & Vegan

Flüssige Zutaten

130 g Datteln
100 g Tahina, optional Mandelmus
70 ml Wasser

Feste Zutaten

200 g Haferflocken, optional glutenfrei
100 g Walnüsse
80 g Rosinen
30 g Kokosraspeln
30 g Sonnenblumenkerne
2 TL Kakaopulver, Rohkostqualität
1 TL Zimt, Ceylon
1 Prise Meersalz

Luke Ein wirklich tolles Granola ohne Zucker und ohne Ölzugabe. Dennoch knusprig und unfassbar aromatisch, die ganze Bude duftet beim Backen nach Liebe. Durch vier Lebensmittel der *Lukes Super 6* haben wir mit den Walnüssen, Sonnenblumenkernen, Datteln und dem Kakao ein richtiges Mineralstoffpaket am Start. Am besten lagerst du das Granola luftdicht und kühl, so hält es sich gut 1–2 Wochen. Vicky liebt es jedoch so sehr, dass es meistens schon nach ein paar Tagen weg ist.

ZUBEREITUNG

Backofen auf 125 Grad vorheizen. Alle **flüssigen Zutaten** in einem Mixer zu einer klebrigen, leicht stückigen Masse verarbeiten. **Walnüsse** grob hacken und mit allen anderen Zutaten in einer Schale vermischen. Flüssige Zutaten hinzufügen und alles gründlich miteinander vermengen.

Die Masse auf einem mit Backpapier belegten Backblech so glatt und gleichmäßig wie möglich ausstreichen. Gut funktioniert das mit einem Spachtel oder der Rückseite eines leicht angefeuchteten Löffels. Nimm dir hierfür gerne 5–6 Minuten Zeit. Dadurch wird das Granola gleichmäßig knusprig.

Das Granola ca. 25 Minuten backen, dann behutsam wenden. Weitere 20–25 Minuten backen, bis es leicht gebräunt ist. Aus dem Ofen nehmen und 45 Minuten abkühlen lassen. Das Granola in Stücke brechen und auf einer großen Fläche verteilen, um es vollständig trocknen zu lassen. Erst dann in ein luftdichtes Gefäß umfüllen und im Vorratsschrank lagern.

GLUTENFREIES BUCHWEIZEN-PORRIDGE

Cremig, mit knackigen Äpfeln & Trauben
Glutenfrei & Vegan | 2 Portionen

Base

90 g Buchweizen, über Nacht eingeweicht
25 g Leinsamen, geschrotet
40 g Rosinen
40 g Cashewkerne
30 g Vollkorn-Cornflakes, Bioladen

Milch

180 ml Wasser
110 ml Kokosmilch
25 g braunes Mandelmus, Rohkostqualität
1 TL Yaconsirup oder roher Honig
½ TL Zimt, Ceylon
30 g Eiswürfel
Prise Meersalz

Topping

1 kleiner Apfel
10 rote Trauben

ZUBEREITUNG

Buchweizen, Leinsamen, Rosinen, Cashewkerne, Flakes und **Zimt** in eine Schale geben und vermengen. Für die **Milch** alle Zutaten in den Mixer geben. Den **Apfel** enterkernen, in kleine Würfel schneiden und unterheben. Das Porridge 25 Minuten einweichen lassen. **Trauben** halbieren und das Porridge damit toppen.

Luke Eins meiner Lieblingsfrühstücksrezepte. Es erinnert mich an die Cerealien, die ich immer in der Kindheit gegessen habe, und ist dennoch randvoll gepackt mit Nährstoffen. Buchweizen kriegst du günstig in der Drogerie. Am nächsten Tag das Einweichwasser weggeben. Rote Trauben schützen die Zellen durch ihre Anthocyane, so bist du gleich am Morgen vor oxidativem Stress geschützt. Äpfel wirken durch das enthaltene Pektin verdauungsfördernd. Vollkorn-Cornflakes bekommst du im Bioladen zum Beispiel von der Marke *Davert*.

BANANEN-BIRNEN-PORRIDGE

Mit Kakaonibs, Rosinen und Haferkleie
Glutenfrei-Option & Vegan | 2 Portionen

Base

90 g Haferflocken, optional glutenfrei
45 g Haferkleie, optional glutenfrei von z. B. *Bauckhof*
35 g Rosinen
30 g Walnüsse
½ Birne
½ Banane
40 g rohe Kakaonibs, optional dunkle Schokolade

Milch

200 ml Wasser
50 ml Eiswürfel
½ Birne
½ Banane
1 Dattel
1 EL braunes Mandelmus, Rohkostqualität
½ TL Zimt, Ceylon
Prise Meersalz

ZUBEREITUNG

Walnüsse grob hacken und mit den **Kakaonibs** in eine Schale geben. **Banane** in Scheiben schneiden, **Birne** würfeln. Mit **Rosinen, Haferflocken** und der **Haferkleie** in einer Schüssel vermengen. Für die **Milch** alle Zutaten im Mixer pürieren und zum Porridge geben. Das Porridge 30 Minuten einweichen lassen.

AÇAÍ-BOWL

Anti-Aging-Bowl mit Beeren, Kokos & Datteln
Glutenfrei & Vegan | 2 große Bowls

Base

600 g Açaí-Tiefkühl-Pads
2 Orangen
1 Banane
1 EL Kokosmus, optional Mandelmus
40 g Datteln
120 ml Wasser

Topping

Walnüsse/Pekannüsse
Blaubeeren
Erdbeeren
Hanfsamen
Roh-Schokolade, optional Kakaonibs oder rohe Kakaobohnen

ZUBEREITUNG

Açaí-Tiefkühl-Pads für 10–15 Sekunden je Packung noch verpackt unter heißem Wasser spülen, sodass sie sich leichter aus der Packung drücken lassen. Mit einem scharfen Messer halbieren und aus der Packung in den Mixer pressen. **Orangen** schälen und in in kleine Würfel schneiden. Mit allen anderen Zutaten in einen Mixer geben und glatt pürieren.

Die Masse gleichmäßig in 2 Schalen füllen und mit **Walnüssen/Pekannüssen, Beeren, Hanfsamen** und **Roh-Schokolade** toppen.

Luke Açaí esse ich zweimal in der Woche. Sie ist mit Abstand eine der Top Stars in puncto Antioxidantien. Hauptsächlich esse ich sie jedoch wegen ihres Geschmacks. Für mich vereint sie insbesondere in dieser Kombination den Geschmack von Beeren und Schokolade – ein Traum. Das beste Açaí findest du im Bioladen von der Marke *Fine Fruits*, aber auch immer mehr Supermärkte führen die Superbeere.

KOKOS-PORRIDGE MIT SCHWARZEM REIS

Gesunder Milchreis mit Cashew-Crunch

Glutenfrei & Vegan | 2 Personen

Base

130 g schwarzer Reis, Bioladen, optional Vollkornreis

60 ml Kokosmilch

30 g Kokosmus, optional 60 ml Kokosmilch mehr

2 TL Yaconsirup oder roher Honig

Prise Meersalz

Topping

30 g Cashewkerne

20 g rohe Schokolade, optional rohe Kakaonibs

20 g Kokoschips, ungeröstet

Obst deiner Wahl

ZUBEREITUNG

Schwarzen Reis unter fließendem Wasser in einem Sieb gründlich abspülen. In einen Topf geben und in 2,5-facher Menge Wasser aufkochen lassen. Hitze runterdrehen und ca. 45 Minuten köcheln lassen. Zum Ende der Kochzeit leicht salzen. **Kokosmilch**, **Kokosmus** und **Honig** einrühren. In eine Schale geben und mit **Cashewkernen, roher Schokolade, Kokoschips** und **Obst** deiner Wahl toppen.

Luke Geschmacklich ein absolutes Highlight. Auch schwarzer Reis zählt zur täglichen Portion „violett & grün". Dieses Rezept klappt theoretisch auch mit Vollkornreis. Schwarzer Reis liefert jedoch ein Vielfaches an Antioxidantien. Du findest schwarzen Reis im Bioladen und auch immer häufiger in unseren großen Supermärkten. Einziges Manko: Die Kochzeit beträgt eine halbe Ewigkeit. Dafür geht das Toppen jedoch schnell. Also gut planen! Als Obst passen Kirschen, wilde Blaubeeren, aber auch Mango und Banane super!

CHOCOLATE DREAM

Erdnuss-Schoko-Milch mit Trauben und Walnüssen
Glutenfrei-Option & Vegan | 2 Personen

Base

120 g Haferflocken, optional glutenfrei
30 g Leinsamen, geschrotet
40 g Walnüsse
10 Trauben
130 g wilde Blaubeeren

Milch

250 ml Wasser
2 gefrorene Bananen*
2 EL Erdnussmus, geröstet
40 g Datteln
1 TL Zimt, Ceylon
1 EL Olivenöl
25 g Kakaopulver, Rohkostqualität

* Bananen schälen, in Stücke schneiden und über Nacht im Tiefkühler auf einem Backpapier einfrieren.

ZUBEREITUNG

Für die **Milch** alle Zutaten in den Mixer geben und pürieren. **Walnüsse** grob hacken und die **Trauben** halbieren. Die Milch in eine Schale geben und mit **Haferflocken, Leinsamen, Walnüssen, Trauben** und **wilden Blaubeeren** toppen.

Für 30 Minuten in den Kühlschrank stellen und einweichen lassen.

Luke Wenn du wie ich auf Schokolade stehst, probiere dieses Rezept unbedingt aus. Roh-Kakao ist randvoll gepackt mit Polyphenolen, die förderlich für deine Herzgesundheit sind und einer der besten pflanzlichen Lieferanten für Eisen sind. Optimalerweise isst du zu Kakao immer eine Orange, denn das Vitamin C fördert die Eisenaufnahme aus den Lebensmitteln.

WARMER APFEL-KOKOS-TRAUM

Warmes Porridge mit Früchte-Schokoladen-Topping
Glutenfrei-Option & Vegan | 2 Personen

Base

30 g Leinsamen, geschrotet
130 g Haferflocken, optional glutenfrei
1 Apfel
2 Bananen
20 g Datteln
150 g wilde Blaubeeren
40 g Rosinen
35 g Kokoschips, ungeröstet
Prise Meersalz

Milch

34 g weißes Mandelmus, Rohkostqualität
200 ml Kokosmilch
140 ml Wasser
2 TL Yaconsirup oder roher Honig
1 TL Zimt, Ceylon

Topping

17 g Walnüsse
30 g rohe Schokolade, optional rohe Kakaonibs

ZUBEREITUNG

Leinsamen und **Haferflocken** in einen Topf geben. **Apfel** würfeln, **Bananen** in kleine Stücke schneiden und mit **wilden Blaubeeren, Rosinen** und **Kokoschips** in einen Topf geben. Für die **Milch** alle Zutaten in den Mixer geben. Die Milch in den Topf geben und das Porridge bei niedriger Hitze erwärmen. Es sollte nicht kochen, nur leicht warm werden. Für 25 Minuten ziehen lassen, alle paar Minuten umrühren und die Hitze kontrollieren. Das Porridge in eine Schale geben und mit **Walnüssen/ Pekannüssen** und **roher Schokolade/ Kakaonibs** toppen.

Luke Ein wärmendes Porridge für einen kuscheligen Morgen im Bett oder auf dem Sofa. Aufgrund der niedrigen Temperaturen bewahren wir die Nährstoffe der einzelnen Komponenten, die ansonsten bei hohen Temperaturen zerstört würden. Die Mischung aus Apfel, Banane und Blaubeeren passt hervorragend. Das Fett aus den Leinsamen und der Schokolade verhindert eine Glukosespitze, Zimt schützt vor oxidativem Stress und die Blaubeeren liefern dir gleich am Morgen eine reichliche Portion Antioxidantien.

MATCHA-DATE-DREAM

Süßer Matcha-Dattel-Joghurt mit Cashewkernen & Mango
Glutenfrei & Vegan-Option | 1 Person

Base

350 g (Soja-)Joghurt
1 Banane, reif
2 Datteln, ca. 15 g
½ TL Matcha
2 EL Kokoschips, ungeröstet

Topping

2 EL Rosinen
½ Mango
2 EL Hanfsamen
30 g Cashewkerne

ZUBEREITUNG

Banane mit einer Gabel zerquetschen und mit **Joghurt**, **Yaconsirup**, **Matcha**, **Datteln** und **Kokoschips** in einer Schale vermengen.

Mango in kleine Würfel schneiden. Den Joghurt mit **Rosinen, Mango, Hanfsamen** und **Cashewkernen** toppen.

Luke Ein leichtes Frühstück, wenn es mal schnell gehen muss. Matcha gibt dir langanhaltende Energie und Fokus. Er wird traditionell von Zen-Mönchen vor langen Meditationen getrunken, um die Konzentration zu steigern. Kombiniert mit der Frische von Joghurt und der Süße von der Banane ergibt er ein wundervolles Geschmackserlebnis. Trau dich unbedingt an dieses Rezept ran und lass dich überzeugen.

CHEESECAKE PORRIDGE

Traumhaftes Porridge mit der Süße von Kirschen & Orangen

Glutenfrei-Option & Vegan | 2 Personen

Milch

200 ml Kokosmilch
1 EL Cashewmus, Rohkostqualität
30 g Datteln
20 ml Wasser
½ Banane
1 Orange
20 g Eiswürfel

Base

180 g Süßkirschen, tiefgekühlt und aufgetaut
140 g Haferflocken, optional glutenfrei
40 g Walnüsse
15 g Erdnüsse
½ Banane
½ Orange
30 g dunkle rohe Schokolade, optional rohe Kakaonibs

ZUBEREITUNG

Alle Zutaten für die **Milch** im Mixer pürieren. **Walnüsse** und **dunkle Schokolade** grob hacken, **Orange** würfeln, **Banane** in dicke Scheiben schneiden und mit **Süßkirschen, Erdnüssen** und **Haferflocken** in eine Schale geben. Die Milch langsam hinzugießen und das Porridge 15 Minuten ziehen lassen.

Luke Als ich dieses Porridge bei Instagram gepostet habe, waren so viele heiß auf das Rezept. Umso froher bin ich, dass es endlich raus ist. Jede einzelne Komponente in diesem Porridge erfüllt ihren Sinn und Zweck und alles zusammen ergibt einen ganz großartigen Geschmack im Mund. Allein der Geruch der Milch macht mich schon glücklich. Super funktioniert das Porridge übrigens auch mit einer richtig reifen Maracuja anstatt einer Orange! Viel Spaß!

GLUTENFREIE PANCAKES

Fluffige & vollwertige Pancakes mit Joghurt-Beeren-Topping
Glutenfrei-Option & Vegan-Option | 10 Pancakes

Base

200 g Haferflocken, optional glutenfrei
200 g Kokosmark, Bioladen von *Rapunzel* oder *Morgenland*, optional 400 ml Kokosmilch
1 Banane, reif
35 g Datteln
1 EL Orangensaft, frisch gepresst ca. 8 g
1 ¼ TL Backpulver
Meersalz nach Belieben

Topping

150 g violette Früchte
2 EL (Soja-)Joghurt

Zum Braten

1 TL Kokosöl

ZUBEREITUNG

Haferflocken im Mixer zu einem groben Mehl mahlen. **Banane, Kokosmark, Datteln, Backpulver, Meersalz, Orangensaft** und 200 ml Wasser hinzufügen und glatt pürieren. (Wenn du Kokosmilch anstelle von Kokosmark verwendest, die 200ml Wasser weglassen.) 40 ml Wasser hinzugeben und zu einem dickflüssigen Teig mixen.

Pfanne sanft auf mittlerer Stufe erhitzen und 1 TL **Kokosöl** hineingeben. Das Öl mit einem Tuch oder Pinsel in der Pfanne gleichmäßig verteilen.

Die Pancakes aus einer Höhe von 10 cm vorsichtig in die Pfanne gießen, so erhältst du automatisch eine runde Form. Die Pancakes auf jeder Seite ca. 3 Minuten ausbacken. Beginnt die Oberfläche Luftbläschen zu bilden, kannst du die Pancakes wenden.

Mit frischen **violetten Früchten** und etwas **Joghurt** toppen.

Luke Luftig, ohne Mehl und aus ganzen naturbelassenen Lebensmitteln. Diese Pancakes sind nicht nur nährwerttechnisch einzigartig, sondern auch geschmacklich perfekt. Lass dir beim Ausbacken ruhig Zeit und dreh die Pfanne nicht zu hoch; so werden die Pancakes gleichmäßig braun.

OVERNIGHT OATS

Haferflocken mit Süßkirschen und Lebkuchengewürz

Glutenfrei-Option & Vegan | 2 Portionen

Base

130 g Haferflocken, optional glutenfrei
25 g Leinsamen, geschrotet
37 g Rosinen
1 TL Lebkuchengewürz
25 g Haselnüsse
Prise Meersalz

Milch

200 ml Wasser
30 g braunes Mandelmus
4 Datteln
3 TL Kokosraspeln
Meersalz

Topping

100 g Süßkirschen, tiefgekühlt

ZUBEREITUNG

Haselnüsse grob hacken und mit **Haferflocken, Leinsamen, Rosinen, Lebkuchengewürz** und **Meersalz** in einer Schale vermengen.

Für die **Milch** alle Zutaten im Mixer pürieren und mit dem Müsli vermischen.

Süßkirschen einrühren und in einem Weck-Glas oder einem anderen luftdichten Behälter über Nacht im Kühlschrank ziehen lassen.

OVERNIGHT CHOCOLATE OATS

Schokoladige Hafer-Chia-Basis mit Pekannüssen & Süßkirschen
Glutenfrei-Option & Vegan | 2 Portionen

Base

90 g Haferflocken, optional glutenfrei
30 g Chiasamen

Milch

250 ml Wasser
2 EL braunes Mandelmus, Rohkostqualität
2 EL Kakaopulver, Rohkostqualität
2 EL Olivenöl
Prise Meersalz
50 g Datteln

Topping

100 g Süßkirschen, tiefgekühlt
40 g Pekannüsse

ZUBEREITUNG

Haferflocken und **Chiasamen** in eine Schale geben. Alle Zutaten für die **Milch** im Mixer pürieren und mit dem Müsli vermengen. **Süßkirschen** und gehackte **Pekannüsse** einrühren. Alles in ein Weck-Glas oder einen anderen luftdichten Behälter geben und über Nacht im Kühlschrank ziehen lassen.

Luke Die Overnight-Oats-Rezepte habe ich für Vicky entwickelt, da sie sich ihre Overnight Oats immer macht, wenn sie früh zu ihrem Nebenjob losmuss.
Das Rezept ist einfach am Abend vorzubereiten und gibt dir Kraft für den Tag. Es eignet sich auch ideal für all diejenigen, die Intervallfasten betreiben und erst im Büro oder der Uni frühstücken wollen. Dadurch, dass die Haferflocken über Nacht ziehen konnten, reduziert sich die Phytinsäure. So werden sie besser verdaulich und die Nährstoffaufnahme der Mineralstoffe im Hafer ist höher.

HAFERFLOCKEN-PFANNENBROTE MIT HUMMUS

Schnelle, glutenfreie Pfannenbrote mit Avocado, Gemüse und Hummus

Glutenfrei & Vegan | 2 Personen

Pfannenbrote

190 g Glutenfreie Haferflocken
250 ml Wasser
½ TL Backpulver
Meersalz nach Belieben

Hummus

120 g Kichererbsen
65 g Tahina, Marke: *Al Arz* oder *Pepperwood Organics*
9 ml Zitronensaft
13 g Olivenöl
½ TL Kreuzkümmel, gemahlen
½ TL Meersalz

Topping

80 g Gurke
½ Avocado
30 g Cherry-Tomaten

ZUBEREITUNG

Für den Hummus in einer Schale **Meersalz** und **Zitronensaft** vermengen. **Kichererbsen** hinzufügen und 3–4 Minuten stampfen. **Tahina** dazugeben und weitere 2 Minuten cremig stampfen.

Alle Zutaten für die **Pfannenbrote** im Mixer pürieren und den Teig 3 Minuten ruhen lassen. Eine Pfanne auf mittlerer Hitze erwärmen und die Pfannenbrote sanft für 4–5 Minuten auf jeder Seite ohne Öl ausbacken. **Gurke** in dünne Scheiben schneiden, **Tomate** vierteln und **Avocado** in Filets schneiden.

Mit Hummus, Tomate, Gurke und Avocado toppen.

Luke Eine wirklich einfache Nummer. Kichererbsen am Morgen zu essen, ergibt Sinn. Durch den Second-Meal-Effekt kontrollieren sie deinen Blutzucker bei der Mahlzeit und sogar bei der Mahlzeit danach. In Kombination mit dem Hafer entsteht zudem ein tolles Aminosäurenprofil. Du kannst die Brote auch am Abend vorher zubereiten und im Kühlschrank lagern. Sie werden dann nur etwas weicher.

AMARANTH-CRUNCH MIT VANILLE-GRÜNTEE-MILCH

Reichhaltige Matcha-Milch mit Korinthen & Süßkirschen

Glutenfrei & Vegan | 2 Personen

Base

80 g Amaranth, gepufft
40 g Datteln
30 g Nüsse
30 g Korinthen, optional Rosinen
34 g Hanfsamen
30 g dunkle rohe Schokoalde, optional rohe Kakaonibs

Milch

250 ml Wasser
½ TL Matcha
1 Banane, ca. 80 g
3 Datteln
15 g Cashewmus, Rohkostqualität
1 TL Vanilleextrakt

Topping

70 g Süßkirschen, alternativ frische Blaubeeren

ZUBEREITUNG

Dunkle Schokolade, Nüsse und **Datteln** grob hacken und mit **Amaranth, Korinthen** und **Hanfsamen** in einer Schale vermengen. Für die **Milch** alle Zutaten im Mixer pürieren und mit dem Müsli vermischen. Das Müsli 10 Minuten im Kühlschrank ziehen lassen und mit **Süßkirschen** oder anderem violettem Obst toppen.

Luke Korinthen werden aus blauen Weintrauben hergestellt. Deshalb enthalten sie noch mehr Antioxidantien als die aus grünen Weitrauben hergestellten Rosinen. Du findest sie im Bioladen.
Für diese Version brauchst du nicht den normalen Amaranth, sondern die luftig lockerere gepuffte Version. Amaranth hat einen einzigartigen Geschmack, tritt dabei jedoch nicht zu sehr in den Vordergrund. Ich mache dieses Müsli unheimlich gerne.

GLUTENFREIES BANANEN-BIRNEN-BROT

Vollwertiges Banana-Bread mit Schoko-Zimt-Aroma und Walnuss-Crunch

Glutenfrei & Vegan | 1 Brot

Base

250 g Buchweizenmehl
2 EL Leinsamen, + 5 EL Wasser
1 ½ TL Backpulver
1 TL Ingwer
1 ½ TL Zimt, Ceylon
2 TL Kakaopulver
150 g Banane
Prise Meersalz

Milch

165 ml Wasser
30 g braunes Mandelmus
70 g Datteln
25 g Kokosöl
1 ½ TL Zimt, Ceylon
2 TL Kakaopulver

Füllung

30 g Walnüsse, + 10 g extra
30 g dunkle Schokolade, 85 %
40 g Rosinen
1 Birne, ca. 100 g netto

Cashew Dip

60 g Cashewmus, Rohkostqualität
20 g Yaconsirup oder roher Honig
1 TL Zimt, Ceylon

ZUBEREITUNG

In einer großen Schale **Leinsamen** mit 5 EL Wasser vermengen und 5 Minuten quellen lassen. **Banane** zerquetschen und mit dem **Buchweizenmehl, Backpulver**, fein gehacktem **Ingwer, Zimt, Kakaopulver** und **Meersalz** zu den Leinsamen geben.

Für die **Milch** alle Zutaten im Mixer pürieren.

Walnüsse, dunkle Schokolade und die **Birne** fein würfeln und zusammen mit den **Rosinen** ebenfalls in die Schale geben. Langsam die Milch hinzufügen und alles mit einem Löffel zu einer homogenen Masse vermengen.

Den Teig in eine Backform geben und mit einem Spachtel glatt streichen. In der Mitte vom Brot einen Strich einritzen und mit den übrig geblieben Walnüssen toppen. Ofen auf 150 Grad Umluft vorheizen und das Brot 70 Minuten backen. Danach vollständig abkühlen lassen oder warm servieren, dazu den Cashewdip reichen.

AVOCADO-BREAKFAST-TOAST

Würziges Frühstücksbrot mit Avocado & Räuchertofu

Vegan | 2 Personen

Base

2 Scheiben Vollkornbrot, optimalerweise Sauerteigbrot

Avocado Creme

2 Avocados
Meersalz
½ Zitrone
100 g Erbsen, aufgetaut
½ Zwiebel

Topping

100 g Räuchertofu
7 Cherry-Tomaten
1 Beet Kresse
Balsamicoessig
Olivenöl
Meersalz nach Belieben

ZUBEREITUNG

Avocados entkernen und eine halbe **Zitrone** auspressen. Beides mit dem **Meersalz** pürieren. **Zwiebel** fein würfeln und zusammen mit den **Erbsen** unterheben.

Die Creme auf die Brote verteilen. **Räuchertofu** in feine Streifen schneiden und auf die Creme legen. **Cherry-Tomaten** vierteln. Das Brot mit den **Tomaten**, **Kresse**, etwas **Balsamicoessig**, **schwarzem Pfeffer** und **Olivenöl** toppen.

Luke Avocados und Erbsen passen super zueinander. Wenn du die Erbsen noch etwas zerdrückst, verbessert das die Konsistenz der Creme noch mehr.
Kresse steckt voller Nährstoffe und ist zudem günstig oder auch einfach selbst zu ziehen.

HEART-SAVER-PUDDING

Chia-Pudding mit wilden Blaubeeren und Walnüssen
Glutenfrei & Vegan | 1 Person

Base

180 g wilde Blaubeeren
70 g Banane
35 g getrocknete Feigen, optional Datteln
20 g weißes Mandelmus, Rohkostqualität
160 ml Wasser

Chia-Pudding

35 g Chiasamen
60 g Sojajoghurt

Topping

30 g Walnüsse

ZUBEREITUNG

Wilde Blaubeeren, Banane, getrocknete Feigen, Mandelmus und **Wasser** im Mixer pürieren.

Sojajoghurt und **Chiasamen** einrühren und 15 Minuten quellen lassen. In ein Glas füllen und mit **Walnüssen** toppen.

Luke Das Rezept eignet sich auch super als Overnight-„Oats". Einfach am Abend vorbereiten und am nächsten Tag mit Nüssen und frischem Obst toppen.
100 g Chiasamen enthalten 34 g Ballaststoffe und sind super Darmfutter. Zusammen mit den Walnüssen hast du hier eine richtige Omega-3-Bombe, die dem Namen „Heart Saver" auf ganzer Linie gerecht wird.

RICHTIG SATT WERDEN

BUCHWEIZEN-CARBONARA

Glutenfreie Carbonara mit Cashew-Curry-Creme

Glutenfrei & Vegan | 2 Personen

Base

250 g Buchweizen-Spaghetti, optional andere glutenfreie Spaghetti oder Vollkornspaghetti
150 g Erbsen, tiefgekühlt
60 g Kräuterseitlinge, optional braune Champignons
120 g Räuchertofu
4 Knoblauchzehen

Carbonara

50 g Cashewmus, Rohkostqualität
12 ml Sojasoße
2 TL Zitronensaft
½ TL Curry
½ TL Paprikapulver
2 EL Hefeflocken
1 TL Oregano
½ TL Meersalz
230 ml Pastawasser

Topping

½ Bund Basilikum
2 EL Olivenöl
Schwarzer Pfeffer

Zum Braten

2 TL Kokosöl

ZUBEREITUNG

Buchweizen-Spaghetti nach Packungsanweisung kochen und zum Schluss für 2 Minuten die **Erbsen** hinzufügen, sodass sie auftauen können.

230 ml **Pastawasser** entnehmen und mit **Cashewmus, Sojasoße, Zitronensaft, Curry, Paprikapulver, Hefeflocken, Oregano** und **Meersalz** vermengen.

Räuchertofu in kleine Würfel schneiden.

Kräuterseitlinge und **Räuchertofu** für 3 Minuten in 2 TL Kokosöl anbraten. **Knoblauchzehen** fein hacken, hinzufügen und 1 Minute mitbraten. Herdplatte runterdrehen und die Soße sowie die Pasta-Erbsen-Mischung in die Pfanne geben. Alles auf sehr niedriger Stufe 5–10 Minuten ziehen lassen.

Die Pasta mit **Basilikum, schwarzem Pfeffer** und **Olivenöl** toppen.

Luke Eins von Vickys absoluten Lieblingsgerichten. Dazu noch glutenfrei und vollkommen ohne Sahneersatzprodukte. Probier das unbedingt aus, ein einzigartiger Geschmack. Buchweizen-Pasta findest du im Bioladen, das Rezept funktioniert mit Vollkorn-Pasta oder Kichererbsen-Pasta jedoch genauso gut.

HIRSE MIT BROKKOLI & BASILIKUM-AIOLI

Glutenfrei & Vegan | 2 Personen

Hirse

200 g Hirse
1 Gemüsebrühwürfel
100 g Erbsen, tiefgekühlt

Pilze

250 g braune Champignons
115 g Brokkoli
2 EL Oregano
1 TL Yaconsirup oder roher Honig
1 TL Tomatenmark
Schwarzer Pfeffer
Meersalz nach Belieben

Basilikum-Aioli

75 g Cashewkerne
1 TL Senf
3 Knoblauchzehen
½ Zitrone
1 Bund Basilikum
2 EL Olivenöl
95 ml Wasser

Topping

Lauchzwiebeln

ZUBEREITUNG

Für die **Basilikum-Aioli** alle Zutaten im Mixer glatt pürieren und beiseitestellen.

Hirse nach Packungsanweisung mit **Gemüsebrühwürfel** kochen. In den letzten 3 Minuten Erbsen dazugeben, sodass sie auftauen können.

Pilze sehr fein hacken und **Brokkoli** in mundgerechte Röschen schneiden.

Pilze und Brokkoli in 1 EL **Kokosöl** 3 Minuten scharf anbraten, dabei etwas rohen Brokkoli zurückbehalten. Die Herdplatte, auf der die Pfanne steht, runterdrehen und mit **Oregano, Tomatenmark** und **Yaconsirup** würzen, etwas **Meersalz** hinzufügen und kräftig **pfeffern**. Mit **Lauchzwiebeln**, rohem **Brokkoli** toppen und anrichten.

Luke Falls du dich bisher nicht an Hirse getraut hast oder keinen Plan hattest, was du mit ihr machen sollst, probiere dieses Gericht unbedingt aus. Hirse ist von Natur aus eher trocken und pappig. Das Gemüse und die Aioli verwandeln die Hirse jedoch in ein richtig schmackhaftes Korn. Ich kann von der Basilikum-Aioli gar nicht genug bekommen.
Jedes Mal, wenn ich beim Portugiesen „echte" Aioli dippe, wünsche ich mir, diese Variante stünde ebenfalls auf der Karte.

RED-RICE-MANGO-CURRY

Vollkornreis in pikanter Mango-Curry-Kokos-Creme

Glutenfrei & Vegan | 2 Personen

Base

250 g roter Reis, Bioladen z. B. von der Marke *Davert*, optional Vollkornreis

½ TL Meersalz

1 Zimtstange, optional ½ TL Zimt

Kokossoße

200 g Kokosmark, Bioladen von *Rapunzel* oder *Morgenland*, optional 400 ml Kokosmilch

350 ml warmes Wasser, weglassen, wenn Kokosmilch anstelle von Kokosmark verwendet wird

1 EL rote Currypaste

1 ½ EL Sojasoße, Tamari

½ Mango

Gemüse

4 Knoblauchzehen

140 g Tofu

165 g braune Champignons

180 g Brokkoli

Zum Braten

½ EL Kokosöl

ZUBEREITUNG

Roten Reis nach Packungsanweisung mit **Meersalz** und einer **Zimtstange** kochen. Für die Kokosoße **Kokosmark** mit 350 ml warmen warmem Wasser zu einer Kokosmilch vermengen. Mit der **Currypaste** und der **Sojasoße** im Mixer pürieren. **Mango** in kleine Würfel schneiden und ebenfalls in den Mixer geben. Den Mixer ein paarmal pulsieren lassen, sodass noch Mangostückchen vorhanden sind.

In einer Pfanne ½ EL **Kokosöl** erwärmen.

Pilze und **Brokkoli** 4 Minuten anbraten, sodass sie gar, aber noch bissfest sind. **Knoblauchzehen** hinzufügen und weitere 2 Minuten mitbraten. Die Herdplatte runterdrehen und die Soße sowie den Reis zum Gemüse geben. Bei sehr niedriger Hitze 5–10 Minuten ziehen lassen. Zum Schluss mit **rohem Tofu** toppen und anrichten.

Luke Ich liebe Currys. Es gab Zeiten, zu denen ich jeden Tag dasselbe gegessen habe: morgens eine grüne Smoothiebowl mit Blaubeeren und meinem Granola und abends ein rotes Thai-Curry.
Roten Reis findest du im Bioladen. Er liefert noch etwas mehr Antioxidantien und zählt locker zu einer deiner Portionen „violett" am Tag. Alternativ kannst du auch normalen Vollkornreis verwenden.

ORIENTALISCHER LINSENSALAT

Mit Kräuterseitlingen und getrockneten Tomaten
Glutenfrei & Vegan | 2 Personen

Base

200 g braune Linsen
80 g Kräuterseitlinge
250 g Erbsen, tiefgekühlt

Pilz-Marinade

80 g Kräuterseitlinge
2 EL Petersilie
2 EL Olivenöl
1 getrocknete Tomate, in Öl
Meersalz nach Belieben

Dressing

40 g getrocknete Tomaten, in Öl
1 EL Thymian
1 Knoblauchzehe
3 EL Olivenöl
1 TL Zitronensaft
Schwarzer Pfeffer
Meersalz nach Belieben

Topping

50 g Apfel
30 g Sonnenblumenkerne

Zum Braten

1 TL Kokosöl

ZUBEREITUNG

Linsen nach Packungsanweisung mit etwas **Meersalz** kochen und abtropfen lassen. In den letzten 3 Minuten die **Erbsen** hinzufügen, sodass sie auftauen können. Beides im warmen Topf beiseitestellen.

Kräuterseitlinge putzen. Die **getrocknete Tomate** und die **Petersilie** fein hacken und mit **Olivenöl** und **Meersalz** vermengen. Ebenfalls beiseitestellen.

Für das Dressing die **getrockneten Tomaten** fein hacken und mit **Thymian**, einer fein gehackten **Knoblauchzehe, Olivenöl, Zitronensaft, Meersalz** und **Pfeffer** vermischen.

In einer Pfanne 1 TL **Kokosöl** auf mittlerer Stufe erwärmen. Kräuterseitlinge auf jeder Seite 2 Minuten knackig anbraten, bis sie leicht gebräunt sind.

Die Seitlinge in der Marinade wenden und ziehen lassen.

Den **Apfel** in kleine Würfel schneiden.

Die Linsen mit den Kräuterseitlingen auf Tellern anrichten, mit dem Dressing vermengen und mit den **Apfelwürfeln** und **Sonnenblumenkernen** toppen.

BLUMENKOHL IN MANDEL-CURRY-SOSSE

Mit Tempeh-&-Basilikum-Topping

Glutenfrei & Vegan | 2 Personen

Base

1 mittelgroßer Blumenkohl

Soße

40 g braunes Mandelmus, Rohkostqualität
200 ml Kokosmilch
1 TL Zwiebelpulver
1 TL Curry, gehäuft
¾ TL Meersalz

Topping

200 g Tempeh, optional Tofu
½ Bund Basilikum
3 EL Olivenöl
Schwarzer Pfeffer

ZUBEREITUNG

Mandelmus, Kokosmilch, Zwiebelpulver, Curry und **Meersalz** für die Soße im Mixer vermengen und beiseitestellen. Den **Blumenkohl** für ca. 8–10 Minuten bissfest dampfgaren und nach Belieben salzen. Währenddessen den **Tempeh** in kleine Würfel schneiden und **Basilikum** feinhacken.

Herdplatte ausschalten und den Blumenkohl in den warmen Topf geben, dann die Soße hinzufügen.

Den Blumenkohl gründlich mit der Soße vermengen, dann **Tempeh, schwarzen Pfeffer** und **Basilikum** hinzufügen.

Den Blumenkohl bei geschlossenem Deckel auf der ausgeschalteten, noch warmen Herdplatte 10 Minuten ziehen lassen, sodass er sich mit der Soße verbinden kann.

Anrichten und mit extra **Basilikum, Pfeffer** und **Olivenöl** toppen.

Luke Beim Tempeh probierst du dich am besten durch. Im Bioladen gibt's wirklich leckere Sorten, teilweise auch sojafrei. Alternativ kannst du hier auch Räuchertofu nehmen. Ich liebe dieses Rezept! So schmeckt Blumenkohl großartig.

ROHE WALNUSS-LEINSAMEN-BURGER

Mit Avocado-Tahina-Guacamole
Glutenfrei & Vegan | 2 Personen

Burger

2 Knoblauchzehen
160 g Walnüsse
50 g gemahlene Leinsamen
10 ml Balsamicoessig
15 ml Olivenöl
2 EL Wasser
1 TL Zwiebelpulver
½ TL Paprikapulver
¼ TL Cayennepfeffer, optional
Meersalz

Guacamole

1 Avocado
1 mittlere Tomate, ca. 60 g netto
1 TL Zitronensaft
1 EL Olivenöl
1 EL Tahina

Topping

Kichererbsen, optional

ZUBEREITUNG

Knoblauchzehen schälen und mit **allen anderen Zutaten** für den Burger in einen Zerkleinerer geben. Mixen, bis eine homogene, jedoch noch stückige Masse entstanden ist.

Für die Guacamole die **Avocado** mit einer Gabel zerdrücken, **Tomate** fein würfeln und mit **Zitronensaft, Olivenöl** und **Tahina** in einer Schale vermengen. Nach Belieben **Meersalz** hinzufügen. Aus der Burgermasse 4–6 kleine Burger formen. Die Hände vorher anfeuchten und die Burger gut zusammendrücken.

Mit der Avocado-Tahina-Guacamole toppen und optional mit Kichererbsen dekorieren.

Luke Diese Burger sind ein mega Geschmackserlebnis. Die Kombination aus Nüssen und Knoblauch funktioniert wunderbar und die Tahina-Guacomole gibt dem Ganzen eine angenehme Frische. Durch den hohen Gehalt an mehrfach ungesättigten Fettsäuren eignet sich dieses Gericht perfekt für alle, die ihre Kohlehydrate etwas runterschrauben wollen. Ein absolutes Gourmetrezept aus handelsüblichen Zutaten. Probiere das unbedingt aus.

LINSEN-DAAL

Voll aromatisches Daal mit roten Linsen & Bohnen

Glutenfrei & Vegan | 3 Personen

Base

300 g rote Linsen
180 g Grüne Bohnen, tiefgekühlt

Gewürze

1 ½ TL Garam Masala
½ Paprikapulver
1 TL Kreuzkümmel, ganz
½ TL Kurkuma
¼ TL Koriander, optional
½ TL Yaconsirup oder roher Honig
2 TL Tomatenmark

Umami

4 Knoblauchzehen
1 daumengroßer Stück Ingwer
3 Zwiebeln
1 rote Chilischote, mittelgroß

Flüssigkeit

2 Gemüsebrühwürfel
430 ml Wasser
1 EL Sojasoße
230 g Passata
400 ml Kokosmilch

Topping

25 g Cashewkerne
2 Stangen Lauchzwiebeln

ZUBEREITUNG

Zwiebeln grob hacken, **Ingwer** sowie **Knoblauch** fein hacken. Zwiebeln und Ingwer bei mittlerer Hitze 3 Minuten sanft rösten. Knoblauch, **Gewürze** und **Tomatenmark** hinzufügen und weitere 2 Minuten karamellisieren lassen. Die Masse aus der Pfanne nehmen, mit 3 EL **Kokosmilch** zu einer stückigen Masse pürieren und beiseitestellen. In die Pfanne die **roten Linsen**, 430 ml **Wasser** und die **Gemüsebrühwürfel** geben. Aufkochen lassen und ca. 10 Minuten bei mittlerer Hitze köcheln lassen, bis die Linsen weich werden und das Wasser fast verkocht ist.

Dann die **passierten Tomaten, Kokosmilch** und **Sojasoße** hinzufügen. Alles kurz vermengen, **Bohnen** mit in die Pfanne geben und die pürierte Zwiebelmasse dazugeben. Salzen und weitere 10–15 Minuten bis zur gewünschten Konsistenz vorsichtig köcheln lassen.

Pfanne vom Herd nehmen und mit **Cashewkernen**, **roter Chili**, **schwarzem Pfeffer** und **Lauchzwiebeln** toppen.

Luke Ein richtiges Wohlfühlgericht, das du gut für Gäste kochen kannst, wenn du imponieren willst. Möchtest du die Wertigkeit der Proteine aus den Linsen erhöhen, servierst du dieses Gericht mit Vollkorngetreide wie Reis, Quinoa oder Hirse. Die Gewürze haben allesamt hohe ORAC-Werte. Durch das Hinzufügen von rohen Lauchzwiebeln reaktivierst du das stark krebshemmende Potential des erhitzten Knoblauchs und der erhitzten Zwiebeln. Schmeckt auch toll zu Vollkornwraps, klar. ;-)

SÜẞKARTOFFELSUPPE MIT UMAMI

Glutenfrei & Vegan | 1 großer Topf

Base

160 g rote Zwiebeln
230 g Möhren
650 g Süßkartoffeln
1 rote Chilischote
170 g rote Linsen
800 ml Wasser
2 Gemüsebrühwürfel

Gewürzmischung

1 TL Currypulver
1 TL Paprikapulver
1 TL Zwiebelpulver
½ TL Zimt, Ceylon

Umami

½ Orange
300 ml Kokosmilch
3 EL Sojasoße, Tamari
2 TL Senf
2 TL Tomatenmark

Topping

Kidneybohnen, optional
Petersilie, optional

Zum Braten

2 TL Kokosöl

Luke Der Mix aus Orange, den Würzmitteln und der Kokosmilch ist einzigartig und verwandelt diese Suppe, wie ich finde, in etwas ganz Besonderes! Wir machen diese Suppe regelmäßig als Meal-Prep-Gericht. So können wir zu zweit ein paar Tage davon essen.
Süßkartoffeln und Möhren liefern reichlich Karotinoide. Das erkennst du an der orangen Farbe. Rote Linsen liefern mit am meisten Antioxidantien.
Gute Gemüsebrühwürfel findest du im Bioladen, dort hole ich meine auch immer.

ZUBEREITUNG

Mise en place. Bereite zunächst die einzelnen Parts vor, das spart dir gleich Zeit und Stress.

Für die Umamisoße **Orange** frisch auspressen und mit **Kokosmilch, Sojasoße, Senf** und **Tomatenmark** in einer Schale vermengen und beiseitestellen.

Alle Zutaten für die **Gewürzmischung** ebenfalls in einer kleinen Schale vermengen. **Rote Linsen** in einem Sieb unter fließendem Wasser abspülen. **Möhren** und **Süßkartoffeln** in Würfel und **Chilischote** in Ringe schneiden.

Kokosöl in einem Topf erwärmen. 80 % der **Zwiebeln** für 2 Minuten sanft rösten. 20 % zurückbehalten und zum Schluss roh zur Suppe hinzufügen. Nach 2 Minuten die Gewürze und 3 EL Wasser hinzufügen und weitere 2 Minuten rösten.

Gemüse, Linsen, Wasser und die **Brühwürfel** in den Topf geben, aufkochen lassen und 8 Minuten kochen, bis die Möhren weich sind. Herdplatte ausschalten und die Masse in einem leistungsstarken Mixer (alternativ Pürierstab) pürieren.

Den Umamimix zur Suppe geben und alles außerhalb vom Herd für 2–3 Minuten unterrühren. Sehr gut pfeffern, nach Bedarf salzen.

In einer Schale servieren und optional mit **Kidneybohnen, Olivenöl** und **Petersilie** toppen.

ROMANA-SCHIFFE

Mit mexikanischer Dattel-Walnuss-Füllung und schwarzen Bohnen
Glutenfrei & Vegan | 2 Personen

Base

1 großer Kopf Romana-Salatherz

Füllung

110 g Kichererbsen
130 g schwarze Bohnen
40 g rote Zwiebeln
50 g Cherry-Tomaten
2 Datteln
30 g Walnüsse
1 rote Chilischote, mittelgroß
65 g Tomatenmark
25 g weißes Mandelmus, Rohkostqualität
3 EL Olivenöl
1 EL Sojasoße, Tamari
½ TL Paprikapulver geräuchert, optional süß
¼ TL Zimt, Ceylon
1 TL Oregano
Schwarzer Pfeffer
Meersalz nach Belieben

Topping

1 Avocado

ZUBEREITUNG

Zwiebeln würfeln, **Datteln** und **Walnüsse** hacken und die **Chilischote** in feine Ringe schneiden. **Cherry-Tomaten** vierteln und mit **Tomatenmark, Mandelmus, Olivenöl, Sojasoße, Paprikapulver, Oregano** und **Pfeffer** in einer Schale gründlich vermengen.

Kichererbsen und **schwarze Bohnen** in einem Sieb abtropfen lassen und mit einem Küchentuch ordentlich trocken tupfen. Die Hülsenfrüchte mit in die Schale geben, **Meersalz** hinzufügen.

Für die Salatschiffe jeweils 1 **Romana-Salatblatt** vorsichtig vom Salatkopf trennen, waschen und trockenschleudern. Die Füllung gleichmäßig in den Salatherzen verteilen. **Avocado** mit einer Gabel zu einem Püree zerdrücken, etwas salzen und als Topping auf die Schiffe setzen.

Luke Wenn du magst, kannst du die Füllung in einem Topf leicht erwärmen. Ich esse sie meist aber einfach so. Wahrscheinlich hast du noch etwas von der Füllung übrig, diese passt super zu Vollkornreis oder Hirse, bewahre sie einfach verschlossen im Kühlschrank auf. Kidneybohnen sind eine der Bohnen mit dem höchsten Zellschutz, Tomaten liefern reichlich Lykopin und die rohen Zwiebeln krebsbekämpfendes Quercetin. Eine tolle und ausgewogene Nummer.

BROKKOLI-KNOBLAUCH-MANDEL-CREME-PASTA

Glutenfrei & Vegan | 2 Personen

Pasta

270 g Pasta aus Kichererbsen
1 kleines Bund Petersilie, ca. 15 g netto

Soße

100 g weißes Mandelmus, Rohkostqualität
½ ausgepresste Zitrone
1 gehäufter EL Hefeflocken
3 EL Olivenöl
110 ml Wasser
1 TL schwarzer Pfeffer
Meersalz nach Belieben

Topping

1 mittlerer Brokkoli, ca. 270 g netto
4 Knoblauchzehen

Zum Braten

1 TL Kokosöl

ZUBEREITUNG

Alle Zutaten für die **Soße** in eine Schale geben, jedoch noch nicht verrühren.

Pasta nach Packungsanweisung in etwas Meersalz bissfest garen. **Brokkoli** in mundgerechte Stücke schneiden und einen kleinen Teil vom Brokkoli zurückbehalten. Den restlichen Teil bei mittelhoher Hitze im **Kokosöl** 3 Minuten scharf anbraten.

Herdplatte herunterdrehen und fein gehackte **Knoblauchzehen** in die Pfanne geben. 1 Minute mitbraten, dann die Soße mit einer Gabel zu einer homogenen Flüssigkeit vermengen und in die Pfanne geben.

Petersilie fein hacken und unterheben. Die Pasta kräftig pfeffern und auf der ausgeschalteten, aber noch warmen Herdplatte 3 Minuten ziehen lassen.

Luke Dieses Rezept ist denkbar einfach, trotzdem benötigt es aus nährstofftechnischer Sicht etwas Geschick. Um die Nährstoffe des Olivenöls sowie vom rohen Mandelmus bestmöglich zu schonen, solltest du die Soße nicht aufkochen lassen. Das ist aber auch nicht nötig. Leicht erwärmt schmeckt diese Pasta köstlich und ist obendrein noch sofort essbereit, da sie nicht abkühlen muss. Ein absolutes Lieblingsrezept von Vicky und mir.

DRILLINGE MIT TAHINA-DATTEL-DRESSING

Dazu Rosmarin-Pilze & Olivenöl
Glutenfrei & Vegan | 2 Personen

Kartoffeln

650 g Babykartoffeln
200 g braune Champignons
1 EL Rosmarin
2 EL Rosinen
2 EL Olivenöl
¾ T Meersalz

Tahina-Dattel-Dressing

60 ml Tahina
60 ml Wasser
1 Medjool-Dattel, optional 2 normale Datteln
1 Knoblauchzehe
1 EL Olivenöl
1 EL Sojasoße, Tamari
Spritzer Zitronensaft
Meersalz nach Belieben

ZUBEREITUNG

Alle Zutaten für das **Tahina-Dattel**-Dressing mit einem Pürierstab oder einem Mixer zu einer homogenen Masse pürieren. Ist das Dressing zu dickflüssig, noch ein wenig Wasser hinzufügen.

Babykartoffeln gründlich waschen und für ca. 10–15 Minuten dampfgaren, bis sie gar sind. In den letzten 4 Minuten die **Pilze** dazugeben und ebenfalls mit garen. Den Kartoffel-Pilz-Mix mit **Rosmarin, Rosinen, Olivenöl** und **Meersalz** vermengen. Auf Tellern anrichten und mit dem Dressing servieren.

Luke Babykartoffeln bekommst du auf dem Markt, lose im Bioladen oder auch immer häufiger in Supermärkten, man nennt sie auch „Drillinge".
Das Dressing kannst du auch toll zu anderen Gerichten wie Hummus, Vollkornwraps oder Reis servieren. Wir haben eigentlich immer eine Flasche Tahina-Dattel-Dressing im Kühlschrank, der Geschmack ist einfach großartig.

HOUMMUS *SHLOMO & DORON*

Hoummus mit Tahina, Harissa-Kichererbsen & Olivenöl

Glutenfrei & Vegan | 2 Personen

Zitronensaft

65 ml Zitronensaft, frisch gepresst
21 g Knoblauchzehen, ungeschält
32 ml Wasser
Prise Meersalz

Sesamsoße

155 g Tahina, hell aus geschälten Sesamsamen, Marke *Pepperwood Organics* oder *Al Arz*
50 ml Wasser
Prise Meersalz

Hoummus

170 g Kichererbsen, Salzgehalt maximal 0,50 g
37 ml Olivenöl
¼ TL Kreuzkümmel
¼ TL Meersalz, eher etwas weniger

Kichererbsen

160 g Kichererbsen
14 g Tahina
2 TL Harissa-Gewürz

Topping

25 g Walnüsse
1 Avocado
1 Chilli, rot
Petersilie
Olivenöl

Luke Ich kann nicht genug betonen, wie wichtig es ist, das richtige Tahina zu kaufen. Deshalb stehen im Rezept auch explizite Markenempfehlungen, damit du nicht lange rumprobieren musst.
Shlomo & Doron heißt mein Lieblings-Hummusladen in Israel, dort durfte ich das erste Mal erfahren, wie Hummus richtig schmeckt.
Zum Dippen kannst du klassischerweise Wraps verwenden; dampfgegarte Rote Bete und Kartoffeln passen jedoch ebenfalls erstaunlich gut. Falafel schmecken sicher auch toll!

ZUBEREITUNG

Zitronensaft, Wasser, Meersalz und ungeschälte Knoblauchzehen im Mixer cremig pürieren. Ein Sieb über eine Schüssel legen und die Zitronen-Knoblauch Mischung hineingeben, sodass nur die Flüssigkeit in die Schale läuft. Mit dem Rücken vom Löffel die gesamte Flüssigkeit aus der Masse pressen. Den übrig gebliebenen Trester weggeben.

Die Zitronen-Knoblauch Mischung, sowie **50 ml Wasser** und eine weitere Prise Meersalz in eine zweite, saubere Schale geben. Das **Tahina** hinzufügen und alles gut miteinander verrühren, bis eine cremige Sesamsoße entstanden ist.

Die Kichererbsen in den Mixer/Zerkleinerer geben. Das Olivenöl, Kreuzkümmel, Meersalz und die fertige Sesamsoße hinzufügen und alles 2–3 Minuten glatt pürieren. Mit Salz abschmecken. Die Konsistenz vom Hummus mit kaltem Wasser und Zitronensaft anpassen, bis er cremig ist.

Den Hummus für 10–15 Minuten kalt stellen und ziehen lassen.

Die **Kichererbsen** mit **Tahina** und **Harissa-Gewürz** vermengen, einen Schuss Olivenöl unterheben und beiseitestellen.

Die **Walnüsse** fein hacken, die **Chili** in Ringe schneiden, ein paar **Petersilienblätter** abzupfen und die **Avocado** in feine Filets schneiden. Die Avocado mit etwas Zitronensaft und Meersalz würzen.

Den Hummus auf zwei Tellern anrichten und die Kichererbsen mittig darauf platzieren. Avocado und Chili seitlich vom Hummus platzieren, Walnüsse und Petersilie darüber streuen.

Zum Schluss den Hoummus mit einem großzügigen Schuss Olivenöl beträufeln und servieren.

BLT-SANDWICH

Mit Basilikum-Avocado-Mayonnaise und Smokey Tempeh

Vegan | 2 Personen

Basilikum-Mayonnaise

190 g Avocado
1 Knoblauchzehe
1 getrocknete Tomate in Öl, ca. 8 g
Basilikumblätter, ca. 12 g
14 ml Zitronensaft
1 TL Balsamicoessig
¼ TL Senf
11 ml Olivenöl
Meersalz nach Belieben

Brot

2 Vollkornbrotscheiben, optimalerweise Sauerteig
1 Tomate
1 kleine Schalotte, optional rote Zwiebel

Tempeh

150 g Tempeh
23 ml Sojasoße
10 ml Yaconsirup oder rohen Honig
½ TL Paprikapulver
¼ TL Tomatenmark
2 TL Zwiebelpulver

Topping

40 g Birne
1 Chili

Zum Braten

2 TL Kokosöl

ZUBEREITUNG

Für die **Basilikum-Mayonnaise** alle Zutaten mit einem Pürierstab zu einer homogenen Masse pürieren und beiseitestellen.

Tomate in dünne Scheiben schneiden und die **Schalotte** würfeln. Pfanne auf mittelhohe Hitze erwärmen. **Tempeh** in **Kokosöl** auf jeder Seite ca. 3 Minuten braten, bis er beginnt sich leicht zu bräunen. In einer Schale **Sojasoße, Honig, Paprikapulver, Tomatenmark** und **Zwiebelpulver** vermengen. Die Mischung zum Tempeh geben, leicht salzen und für 60 Sekunden karamellisieren lassen.

Birne in feine Streifen schneiden, **Chili** in Ringe schneiden.

Die Mayonnaise zu gleichen Teilen auf den Broten verteilen. Darauf die Schalotten und die Tomaten legen. Mit dem Tempeh fortfahren und das Brot mit der Birne, den Chiliringen und optional etwas Kresse toppen.

Luke Ein absolutes Highlight! Die Inspiration für dieses Sandwich habe ich aus Cape Town von einem unserer Lieblings-Cafés. Die Birne passt perfekt zum würzigen Räuchertofu und harmoniert ausgezeichnet mit der Chilischote. Basilikum hat einen hohen ORAC-Wert und Avocados liefern ebenfalls zellschützende Carotinoide. Zudem können Avocados dabei helfen, das Sättigungsgefühl länger aufrechtzuerhalten – praktisch, wenn du nach dieser Mahlzeit dein Intervallfasten startest.

WÜRZIGE TOMATEN-MARINARA-PASTA

Mit sonnengetrockneten Tomaten, Bohnen und Räuchertofu
Glutenfrei & Vegan | 2 Personen

Pasta

250 g Buchweizenspaghetti, optional andere glutenfreie Spaghetti oder Vollkornweizen-Spaghetti

Marinara

300 g Passata
60 g sonnengetrocknete Tomaten
2 EL Öl, von den sonnengetrockneten Tomaten
3 TL Oregano
2 TL Sojasoße
2 TL Balsamicoessig
2 Knoblauchzehen
2 EL Kochwasser
1 TL Rotwein, optional
½ Bund Basilikum

Topping

2 kleine gelbe Paprika, ca. 230 g netto
130 g grüne Bohnen
75 g Räuchertofu
1 rote Zwiebel
2 Knoblauchzehen

Zum Braten

1 TL Kokosöl

ZUBEREITUNG

Die **sonnengetrockneten Tomaten**, **Basilikum** und **Knoblauchzehen** fein hacken, mit allen anderen Zutaten für die **Marinara** in einer Schale vermengen und beiseitestellen. Ein paar **Basilikumblätter** zurückbehalten. Die **Buchweizenspaghetti** nach Packungsanweisung in etwas Meersalzwasser kochen. Spaghetti mit der Soße vermengen und auf ausgeschalteter Herdplatte 5 Minuten ziehen lassen. **Paprika** und **Räuchertofu** in Würfel schneiden, **Zwiebel** und **Knoblauchzehe** fein hacken.

Paprika, Bohnen, Zwiebeln und **Räuchertofu** auf mittelhoher Hitze 4 Minuten braten. Knoblauch für 2 Minuten mit in die Pfanne geben, dann die Pfanne vom Herd nehmen. Gemüse und Räuchertofu zur Pasta geben, restlichen Basilikum unterheben und servieren.

Luke Die Marinarasoße ist auch so schon aromatisch genug, so muss sie nicht erhitzt werden und wir schonen die Nährstoffe. Die Pasta ist schnell gemacht – mit starkem Fokus auf Gemüse. Buchweizenspaghetti findest du im Bioladen, das Rezept schmeckt jedoch mit jeder anderen Pasta genauso gut, der Star des Gerichts sind das Topping und die Soße.

OLIVEN-AVOCADO-QUINOA

Mit Petersilie, Kichererbsen & Olivenöl
Glutenfrei & Vegan | 2 Personen

Base

200 g Quinoa
250 g Kichererbsen
70 g Oliven
1 mittlere Zwiebel, ca. 40 g netto
2 Avocados
15 g Petersilie
2 Datteln
90 g Paprika

Dressing

30 ml Olivenöl
12 ml Zitronensaft
2 TL Zwiebelpulver
Meersalz

ZUBEREITUNG

Quinoa mit der doppelten Menge Wasser zum Kochen bringen. **Meersalz** hinzufügen und ca. 15 Minuten garen lassen. Die Quinoa vom Herd nehmen und mit **Kichererbsen, Oliven** und der **gehackten Zwiebel** vermengen.

Avocado in kleine Würfel schneiden, **Petersilie, Datteln** und **Paprika** grob hacken und ebenfalls zur Quinoa geben.

Für das Dressing alle Zutaten in einer separaten Schale vermischen und alles miteinander vermengen.

Luke Oliven sind ein wahres Nährstoffwunder, so enthalten sie Oleuropein, ein Master-Antioxidans welches sich u.a. in Hydroxytyrosol umwandelt. Hydroxytyrosol ist nicht nur ein starkes Antioxidans, sondern eins der potentesten Entzündungshemmer, die wir kennen. Es ist so potent, dass ich empfehle, Oliven nicht direkt nach einem intensiven Training, sondern erst abends zu essen.

TAHINI

QUINOA-BULETTEN

mit Tahina-Dattel-Dressing
Glutenfrei-Option & Vegan | 2 Personen

120 g Quinoa, ungekocht
½ Gemüsebrühwürfel
10 g Leinsamen, geschrotet
20 g Haferflocken, Feinblatt, optional glutenfrei
30 g rote Zwiebeln
2 Knoblauchzehen
1 TL Curry
20 g Senf
20 g Tomatenmark
50 g Möhre
1 TL Zwiebelpulver
½ TL Paprikapulver
1 ½ TL Balsamicoessig
1 kleine Chili, ca. 6 g

Zum braten

2 TL Kokosöl

ZUBEREITUNG

Quinoa mit dem **Gemüsebrühwürfel** in 240 ml Wasser zum Kochen bringen. Hitze runterdrehen und ca. 17 Minuten köcheln lassen. Quinoa in ein Sieb geben und gut abkühlen lassen.

Leinsamen und **Haferflocken** in einer großen Schüssel vermengen. **Zwiebel, Chili** und **Knoblauchzehen** fein hacken, **Möhre** fein raspeln und mit allen anderen Zutaten inklusive der abgekühlten Quinoa gründlich mit den Händen vermengen.

Aus der Masse kleine Bällchen formen. Pfanne auf mittlere Hitze erwärmen und die Bällchen im **Kokosöl** von jeder Seite ca. 5 Minuten braten.

Luke Ich mag Quinoa gerne, da es alle essenziellen Aminosäuren enthält und somit eine tolle pflanzliche Eiweißquelle ist. Zudem ist Quinoa auch super für alle geeignet, die gerne (an Muskelmasse) zunehmen wollen, denn sie ist schön luftig und es lässt sich mehr davon essen als von Reis. Dennoch steckt sie voller Mineralstoffe und ist ein tolles Grundnahrungsmittel.

GREEN CREAMY PASTA

Cremige Avocado-Knoblauch-Brokkoli-Pasta

Glutenfrei & Vegan | 2 Personen

Base

150 g Kichererbsen-Penne, optional Vollkornweizen-Penne
200 g Brokkoli

Dressing

2 Knoblauchzehen
1 Avocado
20 ml Olivenöl
15 ml Zitronensaft
2 EL Kochwasser
½ Bund Basilikum
Meersalz nach Belieben
Schwarzer Pfeffer

Topping

½ Bund Basilikum
1 Jalapeño-Chili

ZUBEREITUNG

Kichererbsen-Penne nach Packungsanweisung in etwas Meersalzwasser kochen. 2 EL Kochwasser für das Dressing zurückbehalten. Währenddessen den **Brokkoli** für 3 Minuten bissfest dampfgaren und leicht salzen. Etwas rohen Brokkoli zurückbehalten (ca. 30 g). Den dampfgegarten Brokkoli und die Penne im Topf warmhalten und den rohen Brokkoli hinzufügen.

Für das Dressing die **Knoblauchzehen** sehr fein hacken, **Avocado** mit einer Gabel gründlich zerdrücken und das **Basilikum** fein hacken. Mit allen anderen Zutaten inklusive des Kochwassers in einer Schale vermengen. Das Dressing mit der Pasta vermischen, anrichten und mit **extra Basilikum** und der **Jalapeño-Chili** toppen.

Luke Ein sehr gesundes Gericht und superschnell gemacht. ... und falls du nach dem Essen noch ins Meeting oder auf ein Date musst: Lass den Knoblauch einfach weg, auch wenn er insbesondere in seiner rohen Form durch das Aliciin und seine somit vor Krebs schützende Wirkung dieses Gericht gesundheitlich stark aufwertet. Glutenfreie Pasta findest du mittlerweile in fast jedem Supermarkt. Wenn du Gluten jedoch verträgst, probier unbedingt mal alte Weizensorten wie Emmer oder Kamut; diese findest du im Bioladen.

CASHEW-DREAM-RÄUCHERBROT

Würzige Cashew-Creme mit Räuchertofu & Schalotten
Vegan | 2 Personen

Cashewcreme

75 g Cashewmus, Rohkostqualität
8 ml Sojasoße, Tamari
10 ml Olivenöl
½ TL Currypulver
½ TL Paprikapulver
1 TL Yaconsirup oder roher Honig
Meersalz nach Belieben
Schwarzer Pfeffer

Topping

60 g Gurke
1 mittelgroße Tomate
1 Schalotte, optional rote Zwiebel
135 g Räuchertofu
Eine Handvoll Salatblätter
2 dicke Vollkornbrotscheiben, optimalerweise Sauerteig

ZUBEREITUNG

Für die **Cashewcreme** alle Zutaten in einer Schale vermengen und beiseitestellen. Die **Gurke** in hauchdünne Scheiben schneiden, die **Tomate** ebenfalls in Scheiben schneiden und den **Räuchertofu** in kleine Filetstreifen schneiden.

Jeweils die Hälfte der Cashewcreme auf einem der Brote verstreichen. Zunächst die Räuchertofustreifen auf die Creme legen, gefolgt von der Gurke, der Tomate und etwas **Salat.** Die **Schalotte** in kleine Würfel schneiden und auf dem Brot verteilen. Das Ganze mit etwas **Olivenöl** und **schwarzem Pfeffer** toppen.

100-WERDEN-PIZZA

Fluffige Dinkel-Vollkornpizza mit würziger Tomatensoße

Vegan | 2 Personen

Teig

500 g Dinkelvollkornmehl
1 TL Meersalz
2 TL Kreuzkümmel, ganz
20 g Olivenöl

Coating vom Teig

4 TL Rosmarin
4 TL Oregano
1 TL Chiliflocken
1 EL Olivenöl
Meersalz nach Belieben

Flüssigkeit

280 ml warmes Wasser
1 TL Yaconsirup oder roher Honig
30 g Hefe, frisch

Tomatensoße

330 g Passata
40 g getrocknete Tomaten
1 EL Balsamicoessig
1 TL Oregano, gehäuft
3 TL Öl, von den getrockneten Tomaten
Meersaz nach Belieben

Topping

500 g Gemüse deiner Wahl
1 Bund Basilikum

Mandelmozzarella

45 g weißes Mandelmus
3 EL Hefeflocken
2 TL schwarzer Pfeffer
2 EL Öl, von den sonnengetrockneten Tomaten
2 EL Wasser

Luke Als ich beim Food-Shooting meinem Nachbarn diese Pizza spontan vorbeibrachte, weil unser Kühlschrank voll war mit Essen, bekam ich als Feedback: „Das war eine der leckersten veganen Pizzen, die ich in meinem Leben gegessen habe." Toppst du deine Pizza wie in diesem Fall mit frischen Kräutern, knackigem Gemüse und einer tollen würzigen Tomatensoße ist sie meilenweit entfernt von der Käse-Schinken-Variante aus Weißmehl, die es sonst so zu kaufen gibt.
Das Rezept ist auch gar nicht so aufwendig, wie es scheint. Ich freue mich schon, wenn es sie das nächste Mal bei uns gibt.

ZUBEREITUNG

Dinkelvollkornmehl, Meersalz, Kreuzkümmel und **Olivenöl** in einer Schale vermengen. **Hefe** mit **Yaconsirup** in einem Glas umrühren und 10 Minuten an einem warmen Ort ruhen lassen. Die Hefemischung in kleinen Schritten zum Teig geben, dabei den Teig mit einem Löffel ständig umrühren. Zum Schluss den Teig mit den Händen verarbeiten und zu einem fluffigen, nicht klebrigen Teig verarbeiten. Den Teig auf einer leicht bemehlten Arbeitsfläche 5 Minuten lang kneten. Danach zugedeckt in einer großen Schüssel an einem warmen Ort 1 Stunde gehen lassen.

Für die **Tomatensoße** die **getrockneten Tomaten** fein hacken und mit allen anderen Zutaten in einer Schüssel vermengen.

Das **Gemüse** in mundgerechte Stücke schneiden und den Backofen auf 220 Grad Umluft vorheizen.

Backpapier auf das Backblech legen und leicht mit Mehl bestäuben. Den Teig darauf ausrollen und mit der Tomatensoße bestreichen. Den Teig 7 Minuten lang auf mittlerer Schiene backen. Die Pizza aus dem Ofen nehmen, mit Gemüse toppen und weitere 6 Minuten backen. Währenddessen für den Mandelmozzarella alle Zutaten in einer Schale vermischen. Den Teig ein letztes Mal aus dem Ofen nehmen und den Mandelmozzarella mit einem Löffel kreisrund auf der Pizza verteilen.

Die Pizza weitere 2 Minuten backen. Dann den Ofen ausschalten, die Ofentür öffnen und die Pizza 3 Minuten nachziehen lassen.

Mit frischem **Basilikum**, getrocknetem **Oregano** und **schwarzem Pfeffer** toppen und servieren.

VOLLKORNBRÖTCHEN MIT OLIVENBUTTER

Dazu Feto & Kresse
Vegan | 3–4 Brote

Olivenbutter

50 ml Olivenöl
2 TL Zwiebelpulver
Meersalz nach Belieben

Topping

200 g Feto, Bioalden, optional Tofu
2 Avocados
Kresse
12 g Walnüsse
Balsamicoessig
Schwarzer Pfeffer
2 Vollkornbrötchen

ZUBEREITUNG

Alle Zutaten für die Olivenbutter in einer Schale vermengen und für 45 Minuten in den Tiefkühler stellen. Zum Ende der Kühlzeit **Feto** in feine Scheiben schneiden und **Avocado** ebenfalls in Scheiben schneiden. Vollkornbrötchen mit Olivenbutter bestreichen und mit Avocado und Feto toppen. Zum Schluss etwas **Kresse, Balsamicoessig, Walnüsse** und **schwarzen Pfeffer** über die Brote geben.

Luke Olivenöl hat gezeigt die Zusammensetzung deiner Darmbakterien positiv zu beeinflussen. Bereits 2 EL pro Tag können ausreichen. Bei diesem Rezept musst du nach dem bestreichen der Brötchen schnell sein, ansonsten schmilzt das Olivenöl wieder. Hol die Olivenbutter deshalb erst aus dem Tiefkühler, wenn alles andere fertig ist. Ich hole mein Olivenöl am liebsten aus Palästina von der Seite Gebana, direkt vom Bauern.

100-WERDEN-SALAT

Mit schwarzen Linsen, Trauben, Pekannüssen & Avocado
Glutenfrei & Vegan | 1 Person

Base

120 g gemischter Salat
40 g schwarze Linsen, über Nacht eingeweicht*
½ Gemüsebrühwürfel
75 g Tomaten
80 g Gurke
1 Avocado
48 g Trauben, rot/blau
25 g getrocknete Tomaten
1 Zwiebel
24 g Pekannüsse, optional Walnüsse
½ Chili
1 EL Hanfsamen

Dressing

20 g Mandelmus, Rohkostqualität
6 g Senf
17 ml Olivenöl
6 g Zitronensaft
4 g Balsamicoessig
8 Pfefferkörner (bzw. ¼ TL Pfeffer, gemahlen)
1 EL Wasser

* Dafür Linsen gut bedeckt in ausreichend Wasser für 8–12 Stunden bei Zimmertemperatur im geschlossen Topf einweichen lassen.

ZUBEREITUNG

Die **schwarzen Linsen** mit dem halben **Gemüsebrühwürfel** in 100 ml Wasser aufkochen lassen. Hitze runterdrehen und ca. 20 Minuten köcheln lassen, bis das Wasser verkocht ist. **Tomaten** und **Avocado** würfeln, **Gurke** in feine Scheiben schneiden. **Trauben**, die **getrockneten Tomaten, Pekannüsse** und **Chili** grob hacken.

Alle Zutaten für das Dressing vermengen und gründlich in den Salat einmassieren. Mit **Hanfsamen** und Linsen toppen.

Luke Dieser Salat hat alles, was du brauchst. Schwarze Linsen haben durch die intensive Farbe einen hohen Polyphenolgehalt und zählen zu einer deiner Portionen „Violett & Grün" am Tag. Zudem liefern sie hochwertiges pflanzliches Eiweiß. Wenn du es dir leisten magst, kaufe gerne alles in Bioqualität, so holst du das Maximum an Nährstoffen aus dem 100-werden-Salat raus. Eins meiner absoluten Lieblingsgerichte.

KÜRBIS IN SESAM-INGWER-DRESSING

Dazu Erbsen, Lauchzwiebeln & Cashewkerne

Glutenfrei & Vegan | 2 Personen

Base

1 Hokkaido-Kürbis, ca. 700 g brutto bzw. 500 g netto
120 g Erbsen, tiefgekühlt
1 Stange Lauchzwiebeln
33 g Cashewkerne

Dressing

2 Knoblauchzehen
½ TL Ingwer
½ mittelgroße rote Chili
48 g weißes Mandelmus, Rohkostqualität
12 ml Sojasoße, Tamari
½ TL Curry
18 g Sesamöl, geröstet
1 TL Zitronensaft
6 ml Yaconsirup oder roher Honig
Meersalz nach Belieben

ZUBEREITUNG

Für das Dressing **Knoblauchzehen, Ingwer** und **Chili** fein hacken. Mit **allen anderen Zutaten** für das Dressing in einer Schale gründlich vermengen und beiseitestellen.

Den **Hokkaido-Kürbis** in mundgerechte Würfel schneiden und für ca. 11 Minuten dampfgaren, bis er die gewünschte Konsistenz erreicht hat. In den letzten 3 Minuten die **Erbsen** dazugeben und warm werden lassen. Kürbis und Erbsen kräftig salzen, **Lauchzwiebeln** in feine Ringe schneiden und mit den **Cashewkernen** zur Kürbis-Erbsen-Mischung dazugeben. Alles mit dem Dressing vermengen und anrichten.

Luke Für dieses Rezept benötigst du ausnahmsweise geröstetes Öl. Der Geschmack von geröstetem Sesamöl gibt diesem Gericht in Kombination mit allen anderen Zutaten des Dressings einen einzigartigen Geschmack. Vielleicht ist dieses Dressing sogar mein Lieblingsdressing.

CURRY ONE POT PASTA

Schnelle One-Pot-Pasta mit Paprika und Curry-Tomaten-Creme

Glutenfrei & Vegan | 2 Personen

Pasta

300 g Kichererbsen-Penne
1 Paprika, rot
80 g Bohnen, tiefgekühlt
150 g Erbsen, tiefgekühlt
100 g Tofu
60 g Babyspinat
2 Knoblauchzehen
200 g Kokosmark, Bioladen von *Rapunzel* oder *Morgenland*, optional 400 ml Kokosmilch
480 g Tomatenstücke
20 g grüne oder Currypaste, siehe Anmerkung
13 ml Sojasoße, Tamari
2 EL Olivenöl
Meersaz nach Belieben

ZUBEREITUNG

Paprika und **Tofu** in Würfel schneiden, **Knoblauchzehen** schälen, fein hacken und mit **allen anderen Zutaten** und 250 ml Wasser in einen Topf geben.

Wer Kokosmilch anstelle von Kokosmark verwendet, nimmt 150 ml weniger Wasser.

Die Pasta kräftig salzen, pfeffern und aufkochen lassen. Das **Kokosmark** zu Beginn mit einem Holzlöffel zerstoßen, sodass es sich gut verteilen kann. Hitze auf mittlere Wärme runterdrehen und bei geschlossenem Deckel ca. 12 Minuten köcheln lassen, bis die Pasta gar ist.

Alle 2–3 Minuten umrühren, sodass nichts anbrennt. Topf vom Herd nehmen, **Knoblauch** und **Spinat** einrühren, nach Belieben noch etwas salzen und **Olivenöl** unterheben. Sofort servieren.

Luke Ein denkbar einfaches Gericht und dazu unfassbar lecker und cremig im Geschmack. Authentische Currypaste kriegst du von der Marke COCK aus dem Asialaden. Ich nutze jedoch auch sehr gern die grüne Paste der Marke Sanchon aus dem Bioladen. Hiervon kannst du ruhig etwas mehr nehmen, die ist nicht ganz so intensiv im Geschmack. Kichererbsen-Penne liefern im Durchschnitt mehr als die dreifache Menge an Ballaststoffen im Vergleich zu Vollkornpasta aus Hartweizengrieß und sind glutenfrei.

DAS SÜßE VERLANGEN STILLEN

ROH-VEGANE BROWNIES

Mit 5 Zutaten
Glutenfrei & Vegan | 2 Personen

Base

130 g Haselnüsse
185 g Datteln
50 g Kakaopulver, Rohkostqualität
3 EL Cashewmus, Rohkostqualität
1 EL Olivenöl
2 EL Wasser
Meersalz

ZUBEREITUNG

Haselnüsse in einem Zerkleinerer grob mahlen. **Alle anderen Zutaten** der Reihe nach hinzufügen und zu einer homogenen Masse mixen.

Aus der Masse 8–10 kleine Riegel formen und auf einem mit Backpapier belegten Teller im Tiefkühlfach 1 Stunde fest werden lassen.

Luke Die Brownies lassen sich am besten im Kühlschrank lagern. Richtig toll schmecken die Brownies, wenn du sie noch mit etwas Cashewmus besteichst und mit ein wenig Roh-Kakao und Zimt dekorierst. Enjoy! ☺

ROHE CASHEW-VANILLE-TOFFEES

Glutenfrei & Vegan | 4–5 Toffees

80 g Cashewmus, Rohkostqualität
28 g getrocknete Feigen
15 g Walnüsse
12 ml Yaconsirup oder roher Honig, flüssig
5 g Vanilleextrakt
4 TL Wasser
Prise Meersalz

ZUBEREITUNG

Die **getrockneten Feigen** in kleine Stücke hacken, **Walnüsse** grob hacken und mit **allen anderen Zutaten** in einer Schale vermengen. Die Masse vorsichtig in kleine Eiswürfelbehälter geben und für mindestens 4 Stunden kalt stellen.

Luke Diese Toffees sind unfassbar einfach herzustellen, unvergleichbar lecker im Geschmack, aber unübertroffen pingelig beim Verzehr. Direkt aus dem Tiefkühler sind sie noch hart, werden aber innerhalb von 15 Minuten weich. Am besten lässt du die Toffees 5 Minuten liegen und verzehrst sie dann. Ist dein Kühlschrank kalt genug, kannst du sie dort lagern, ansonsten lass sie einfach im Tiefkühlfach. Dort halten sie sich problemlos ein paar Wochen.

GESUNDE BOUNTYS AUS 3 ZUTATEN

Glutenfrei & Vegan | 2 Personen

5 Medjool-Datteln
25 g Kokosmus
40 g Schokolade, 100 %

ZUBEREITUNG

Die **Datteln** entsteinen und prall mit **Kokosmus** füllen. Danach die Datteln fest zusammendrücken und verschließen. Die gefüllten Datteln auf ein mit Backpapier belegtes Brett oder einen Teller legen und in den Tiefkühler stellen.

Währenddessen die **Schokolade** in einem Wasserbad vorsichtig schmelzen. Das Wasserbad darf das Wasser nicht berühren, sondern sollte nur durch den Dampf erwärmt werden.

Die Datteln aus dem Tiefkühler nehmen und in der geschmolzenen Schokolade großzügig wenden. Die Datteln zurück auf das Backpapier geben und für 30 Minuten im Tiefkühler fest werden lassen.

Luke Einer meiner absoluten Lieblingssnacks, der bei uns zu Hause höchstens ein paar Tage hält, danach ist alles weggesnackt. Datteln liefern viel Kalium und Ballaststoffe; dadurch wird der Blutzucker stabilisiert. Kokosmus ist ein exzellenter Lieferant für alle 3 Makronährstoffe und ebenfalls eine richtig gute Quelle für Ballaststoffe. Dunkler Kakao ist einer der besten Eisenlieferanten, die es gibt. Optimalerweise isst du zu den Bountys etwas Orange, denn das Vitamin C kann die Eisenaufnahme sogar noch verbessern.

HAFER-KOKOS-RIEGEL

Glutenfreie Hafer-Kekse mit Zimt
Glutenfrei-Option & Vegan | ca. 10 Kekse

130 g Haferflocken, optional glutenfrei
150 g Kokosraspeln
100 g Datteln
1 TL Zimt, Ceylon
20 ml Wasser
Prise Meersalz

ZUBEREITUNG

Datteln entsteinen und mit **allen anderen Zutaten** im Zerkleinerer zu einer klebrigen Masse vermengen. Aus der Masse kleine Riegel formen und 1 Sunde im Tiefkühler fest werden lassen. Die Riegel in einer Schale im Kühlschrank aufbewahren.

Luke Mix die Masse ruhig etwas länger, so verbinden sich die Zutaten durch das Austreten vom Fett aus den Kokosraspeln besser.
Ich finde, der Riegel schmeckt himmlisch leicht, versorgt dich im Gegensatz zur überzuckerten Supermarktvariante jedoch mit wichtigen Mineralien und ist reich an darmfreundlichen Ballaststoffen.

WILDHEIDELBEER-KAKAO-TRÜFFEL

Mit Kokosmus und Datteln
Glutenfrei & Vegan | ca. 10 Trüffel

Base

100 g Datteln
30 g Kokosmus
30 g Kakaopulver, Rohkostqualität
30 g wilde Blaubeeren
30 g weißes Mandelmus, Rohkostqualität
1 EL Wasser
Meersalz
+ 3 TL Kakaopulver

ZUBEREITUNG

Datteln entsteinen und mit **allen anderen Zutaten** in einem Zerkleinerer vermengen. Hände mit etwas **Kakaopulver** bestäuben und aus der Masse kleine Bällchen formen. Nach 3 Bällchen die Hände waschen und erneut mit Kakaopulver bestäuben, so bleibt nichts kleben. Zum Schluss die Bällchen mit etwas Kakaopulver toppen und 1 Stunde im Tiefkühler fest werden lassen.

Luke Ein einfaches, aber unfassbar leckeres Gourmetrezept. Die Zutaten sind etwas kostspieliger, aber es lohnt sich! Vieles davon kannst du danach für dein Porridge verwenden. Das Formen der Bällchen ist der aufwendigste Teil. Die Bällchen kannst du für einige Wochen im Kühlschrank aufbewahren. So hast du immer einen Snack am Start, der reich an Antioxidantien ist.

JOGHURT-BREAKFAST-BARS

Frühstücksriegel mit Joghurt-Creme und Hafer-Nuss-Basis

Glutenfrei-Option & Vegan-Option | ca. 8 Riegel

Base

185 g Datteln
2 EL Leinsamen
117 g Kokos-Mandelmus, optional weißes Mandelmus
89 g Haferflocken
1 TL Zimt, Ceylon

Topping

265 g (Soja-)Joghurt
125 g wilde Blaubeeren
30 g Pekannüsse, optional Walnüsse

ZUBEREITUNG

Datteln, Leinsamen und **1 TL Wasser** im Zerkleinerer gründlich mixen. **Haferflocken, Kokos-Mandelmus, Zimt** und eine Prise **Meersalz** hinzufügen.

Falls dein Mixer zu klein für die Menge ist, kannst du ab hier die Masse auch gut mit den Händen verarbeiten. Die Masse in eine mit Backpapier ausgelegte rechteckige Kuchenform geben und fest andrücken. Mit dem Rücken eines Löffels glatt streichen und übergangsweise in den Tiefkühler stellen. **Wilde Blaubeeren** im Topf bei sehr niedriger Hitze oder in der Sonne auftauen lassen. Masse aus dem Tiefkühler nehmen, mit **Joghurt** bestreichen, wilde Blaubeeren einrühren und mit **Pekannüssen** toppen. Für weitere 2 Stunden in den Tiefkühler stellen.

Luke Am besten bewahrst du die Riegel im Tiefkühler auf und nimmst sie 15 Minuten vor dem Verzehr heraus. Die Riegel haben alles, was du morgens brauchst, und sind dabei super vorzubereiten. Ein praktisches und schnelles Frühstück oder ein toller Snack für zwischendurch. Wer anstelle von Sojajoghurt Joghurt nehmen möchte, dem empfehle ich „Der Aktive" von der Marke *Schrozberger* aus dem Bioladen, denn hier sind noch alle Milchsäurebakterien enthalten.

GREEN-MATCHA-BALLS

Energy-Balls mit Matcha & Cashewkernen
Glutenfrei & Vegan | ca. 8 Bällchen

Base

135 g Cashewkerne
140 g Datteln
50 g Kokos-Mandelmus, optional nur Kokosmus oder nur weißes Mandelmus
2 TL Wasser
1 TL Matcha, ca. 4 g

ZUBEREITUNG

Alle Zutaten in einem Zerkleinerer gründlich für 2–3 Minuten vermengen, bis die Masse anfängt klebrig zu werden. Die Masse in eine Schale geben und Bällchen daraus formen. 3 Stunden in den Kühlschrank stellen und fest werden lassen.

Luke Ein einzigartiger Geschmack; er erinnert mich an meine Japan Reise. Am besten bewahrst du die Bällchen in einer kleinen Schale im Kühlschrank auf. Matcha liefert gesundheitsförderliche Catechine und Datteln sind prall gefüllt mit Ballaststoffen. Aber Vorsicht: Die Bällchen abends zu snacken, kann dir durch den Matcha eine schlaflose Nacht bereiten. Als der der Freund von Vickys Schwester die Bällchen das erste mal probiert hat, war seine Reaktion: „Boah, was ist das denn?!"

ON THE SIDE

ZIMTIGE KOCHBANANEN

Mit Karamell-Zimt-Glasur und Nüssen
Glutenfrei & Vegan | 1 Portion

2 mittelgroße Kochbananen, ca. 310 g netto
1 TL Zimt, Ceylon
1 TL Yaconsirup oder roher Honig
1 TL Kokosöl
10 g Kokoschips, ungeröstet
15 g Pekannüsse, optional Walnüsse
Meersalz nach Belieben

ZUBEREITUNG

Pfanne auf mittlerer Stufe erwärmen und **Kochbananen** 4 Minuten goldgelb braten. Wenden und nochmal 4 Minuten braten. Mit einer Prise **Meersalz** würzen. Pfanne vom Herd nehmen. **Zimt** (etwas Zimt zurückbehalten) und **Yaconsirup** hinzufügen und 1 Minute karamellisieren lassen. Mit gehackten **Pekannüssen**, **Kokoschips** und dem restlichen Zimt toppen und anrichten.

Luke Einer meiner Lieblingssnacks!
Kochbananen findest du günstig und in bester Qualität in afrikanischen Lebensmittelgeschäften. Achten solltest du darauf, dass sie gelb strahlen wie die Sonne, im Optimalfall haben sie sogar schon einige schwarze Stellen, dann sind sie richtig schön reif. Falls du dir unsicher wegen des Reifegrades bist, frag einfach nach. In solchen Shops kennen sich die Leute top aus. Kochbananen sind eine exzellente Quelle für Kalium und gliedern sich nährwerttechnisch in die Reihe Süßkartoffeln, Kartoffeln und Kürbis ein.

FLUFFIGE VOLLKORNWRAPS

Aus Dinkelvollkornmehl, mit Kreuzkümmel verfeinert

Vegan | 6–7 Wraps

150 g Dinkelvollkornmehl, + 30 g zum Bestäuben
17 g Hefe, frisch
1 TL Yaconsirup oder roher Honig
90 ml Wasser
1 ½ TL Kreuzkümmel, ganz
2 EL Olivenöl
Meersalz nach Belieben

ZUBEREITUNG

Hefe, Yaconsirup und **Wasser** in einem Glas vermengen und 10 Minuten an einem warmen Ort ruhen lassen. In einer großen Schale **Dinkelvollkornmehl, Kreuzkümmel, Olivenöl** und **Meersalz** vermengen. In kleinen Schritten die Hefemischung dazugeben, bis ein weicher, homogener Teig entstanden ist. Den Teig 5 Minuten lang kneten und zugedeckt an einem warmen Ort 1 Stunde gehen lassen.

Ein kleines Stück vom Teig abschneiden und auf einer beschichteten Arbeitsfläche dünn ausrollen. Die Wraps bei hoher Hitze ca. 2 Minuten ausbacken, bis der Teig Luftbläschen bildet. Wenden und weitere 2 Minuten ausbacken.

Luke Welches Süßungsmittel du hier verwendest, spielt keine Rolle. Es geht nur darum, dass die Hefe etwas Nahrung in Form von Zucker bekommt, um die Wraps später schön fluffig werden zu lassen. Wenn du magst, kannst du die Wraps auch etwas dicker formen und belegen, oder du rollst sie etwas dünner und größer aus, um sie mit knackigem Gemüse, Hummus und Avocado zu füllen.

GLUTENFREIE WRAPS

Aus Buchweizenmehl, mit Curry & Kreuzkümmel
Glutenfrei & Vegan | 6–7 Wraps

Version 2

125 g Buchweizenmehl, + 30 g zum Bestäuben
70 ml Wasser
1 TL Backpulver
½ TL Süße
½ TL Kreuzkümmel, ganz
½ TL Currypulver, indisch
Meersalz nach Belieben

ZUBEREITUNG

Alle Zutaten mit Ausnahme vom Wasser vermengen. **70 ml** Wasser abmessen und schrittweise (in 15–20-ml-Schritten) zum Teig geben. Den Teig immer wieder kneten, bis er die gewünschte Konsistenz erreicht hat. 5 Minuten ruhen lassen. Den Teig hauchdünn ausrollen, dabei immer wieder wenden und mit etwas Mehl bestäuben. Pfanne auf mittelhoher Hitze erwärmen und den Teig auf jeder Seite 3–4 Minuten ausbacken.

Luke Dieses Rezept erfordert Feingefühl. Es ist wichtig, das Wasser in kleinen Schritten zum Teig zuzugeben und ihn auf einer bemehlten Arbeitsfläche 2–3 Minuten zu kneten. Er sollte sich samtig und weich anfühlen. Die Wraps sind etwas fester als die glutenhaltige Version hier im Buch und im Geschmack eher neutral. Genau deshalb passen sie jedoch super zu einem intensiv schmeckenden Dip oder Pesto.

ROTES BASILIKUMPESTO

Mit Pekannüssen & Tomatenmark
Glutenfrei & Vegan | 1 Portion

90 g Tomatenmark
40 ml Olivenöl
60 g Pekannüsse, optional Walnüsse
13 g Basilikumblätter
1 TL Balsamicoessig
Schwarzer Pfeffer
Meersalz nach Belieben

ZUBEREITUNG

Pekannüsse grob hacken, **Basilikum** fein hacken und mit **allen Zutaten** in einer Schale vermengen.

Luke Eine unglaublich leckere und einfache Nummer. Pekannüsse liefern von allen Nüssen die größte Menge an Antioxidantien. Der Essig stabilisiert den Blutzuckerspiegel und das Olivenöl gibt dem Körper wertvolle, herzschützende Polyphenole. Das Pesto passt perfekt zu einer Pasta, wenn es mittags mal schnell gehen muss oder als Basis zu leckeren Vollkornwraps.

SMOKEY-PAPRIKA-DIP

Würzig-süßer Dip mit dampfgegarter Paprika
Glutenfrei & Vegan | 1 Portion

350 g Paprika
15 g Olivenöl
1 TL geräuchertes Paprikapulver, ca. 8 g
½ TL Oregano
14 ml Orangensaft, frisch gepresst
1 TL Sojasoße, Tamari
1 TL roher Honig oder Yaconsirup

ZUBEREITUNG

Paprika 5 Minuten dampfgaren. Mit **allen anderen Zutaten** bis zur gewünschten Konsistenz mit einem Pürierstab oder Mixer pürieren.

Luke Der Dip hält sich gut eine Woche lang im Kühlschrank und eignet sich hervorragend zu Pasta oder als Beilage zu Gemüse. Ironischerweise dippe ich jedoch am liebsten einfach eine Paprika in den Paprikadip. Geräuchertes Paprikapulver findest du online, immer öfter aber auch in unseren Supermärkten.

MARINIERTE KICHERERBSEN

In aromatischer Zwiebel-Mandel-Zimt-Marinade
Glutenfrei & Vegan | 1 Portion

230 g Kichererbsen
2 TL Zwiebelpulver
½ Paprikapulver
1 TL Currypulver
½ TL Zimt, Ceylon
15 g weißes Mandelmus, Rohkostqualität
15 ml Olivenöl
2 Datteln
15 g Walnüsse
Schwarzer Pfeffer
Meersalz nach Belieben

ZUBEREITUNG

Kichererbsen in einem Sieb gut abtropfen lassen und mit etwas Küchenpapier trocken tupfen. **Datteln** entsteinen und ebenso wie die **Walnüsse** grob hacken und mit allen anderen Zutaten zu den Kichererbsen geben und vermengen.

Luke Wahnsinnig lecker, auch als Topping für Salate, Hummus oder einfach aufs Brot. Kichererbsen sind eine hervorragende Quelle für das Spurenelement Kupfer. Daraus bildet der Körper Melanin, wichtig für die Augen, Haare und die Pigmentierung deiner Haut.

GESUNDE DRINKS

USUCHA-MATCHA

Traditionelle japanische Matchazubereitung
Glutenfrei & Vegan | 1 Person

½ TL Matcha
30 ml Wasser
70 ml Wasser

ZUBEREITUNG

½ TL Matcha in deine Schale geben. Wasser auf ca. 65-80 Grad aufkochen. **30 ml Wasser** zum Matcha geben und mit einem Matchabesen 30 Sekunden lang verrühren. Dann die zweite Dosis von **70 ml Wasser** hinzufügen und nochmals 30 Sekunden lang verrühren, bis keine Matchaklumpen mehr zu sehen sind. In langsamen Schlücken genießen.

Luke Die Temperatur des Wassers ist für guten Matcha essenziell. Zu heißes Wasser zerstört sowohl die Nährstoffe des Tees als auch den Geschmack. Guter Matcha sollte strahlend grün leuchten. Matcha wurde traditionell von Zen-Mönchen vor dem Meditieren getrunken, um ihnen langanhaltenden Fokus und Energie zu geben. Kein Getränk gibt mir so viel Klarheit wie Matcha.

100-WERDEN-SHAKE

Mit Spinat, Hanfsamen und Zimt
Glutenfrei & Vegan | 1 Person

90 g Babyspinat
1 reife Banane
2 Datteln oder 20 ml Yaconsirup
2 EL Hanfsamen
1 TL Zimt, Ceylon
100 ml Wasser
40 g Eiswürfel

ZUBEREITUNG

Zunächst das **Wasser** in den Mixer geben. **Banane** schälen und die **Datteln** entsteinen. Alle **anderen Zutaten** hinzufügen und im Mixer cremig pürieren.

Luke Den 100-werden-Shake darfst du gerne dreimal die Woche trinken. Er versorgt dich mit der Extraportion Chlorophyll aus dem grünen Blattgemüse, reichlich Zink durch die Hanfsamen und schützt deine Zellen durch Zink mit einem ORAC-Wert von 267,536 Einheiten. Am besten genießt du ihn schön kühl, so schmeckt er am leckersten und der Spinatgeschmack rückt noch etwas weiter in den Hintergrund. Ein wirklich toller und ausgeglichener Shake!

GREEN WARRIOR

Grüner Smoothie mit Mandarine & Banane
Glutenfrei & Vegan | 1 Person

1 Mango
70 g Tiefkühlspinat
1 Mandarine
1 Banane
1 Dattel
½ TL Zimt, Ceylon
1 EL Leinöl
120 ml Wasser

ZUBEREITUNG

Tiefkühlspinat 10–15 Minuten bei Zimmertemperatur auftauen lassen. In der Zwischenzeit **Mango** und **Banane** schälen und die **Dattel** entsteinen. **Alle Zutaten** im Mixer zu einem cremigen Smoothie pürieren.

Luke Optimalerweise snackst du zu diesem Smoothie zwei bis drei rohe Walnüsse. Die Walnüsse erhöhen die Aufnahme der fettlöslichen Vitamine E, D, K und A. Den Spinat schmeckst du fast gar nicht raus. Probiere das Rezept unbedingt aus, falls du mehr Grün in deine Ernährung integrieren willst.

Nourishd

100-WERDEN-PROTEINSHAKE

Sättigender Shake mit Quinoa, Banane und Hanfsamen
Glutenfrei-Option & Vegan | 1 Person

200 ml Wasser
120 g Banane
25 g Hanfsamen, geschält
25 g Datteln
35 g Proteinpulver, Vanille
22 g Quinoa, gepufft
15 g Haferflocken, optional glutenfreie Haferflocken
40 g Eiswürfel
¼ TL Zimt, Ceylon
Priese Meersalz

ZUBEREITUNG

Banane schälen und **Datteln** entsteinen.

Mit **allen anderen Zutaten** in einen Mixer geben und glatt pürieren.

Luke Dieser Proteinshake macht richtig satt und kann easy eine Mahlzeit ersetzen. Ich habe darauf geachtet, dass du verschiedene Proteinquellen hast; so ist die biologische Wertigkeit extrem hoch und unterstützt dich beim Training. Das meiner Meinung nach beste Proteinpulver findest du hinten in den Bezugsquellen verlinkt.

FOREVER YOUNG

Mit Açaí, Banane & Orange
Glutenfrei & Vegan | 1 Person

200 g Açaí-Tiefkühl-Pads
1 Banane
1 Orange
3 Datteln
1 EL Leinöl

ZUBEREITUNG

Açaí-Tiefkühl-Pads für 20 Sekunden in der Verpackung unter heißem Wasser abspülen. In der Mitte aufschneiden und in den Mixer geben. **Banane** und **Orange** schälen, **Dattel** entsteinen. Alle Zutaten im Mixer pürieren.

Luke Orangen enthalten Flavonoide und Limonoide, gemeinsam sind sie wahnsinnig potent, geht es um die Bekämpfung von unerwünschten Viren. Zudem enthalten sie viel bioaktives Kalzium, welches dein Körper sehr einfach absorbieren kann.
Açai hat einen der höchsten ORAC Werte überhaupt! Das Leinöl Liefert wertvolles Omega 3 in Form von ALA und erhöht die Aufnahme der fettlöslichen Vitamine E, D, K und A.

VICKY'S JUICE

Mit Möhre, Apfel & Orange
Glutenfrei & Vegan | 1 Person

2 Orangen
1 Apfel
8 mittelgroße Möhren
1 daumengroßes Stück Ingwer
1 daumengroßes Stück Kurkuma
1 EL Leinöl

ZUBEREITUNG

Orange und **Apfel** in kleine Stücke schneiden, **Möhren** halbieren.

Alle Zutaten mit Ausnahme des Leinöls der reihe nach in den Entsafter geben. Bei Bedarf in einem luftdichten Gefäß 5–10 Minuten in den Tiefkühler stellen. **Leinöl** unterrühren und servieren.

Luke Vicky ist bei uns die Saftexpertin. Dieses Rezept hat sie entworfen. Es ist wunderbar ausbalanciert und gibt morgens richtig Energie. Wer Probleme mit der Sehkraft hat, dem empfehle ich eine Kur mit frisch gepressten Bio-Möhren und reichlich Beeren.

GREEN GOODNESS

Grüner Saft mit Kopfsalat, Gurke und Birne
Glutenfrei & Vegan | 1 Person

1 Kopfsalat
260 g Gurke
190 g Birne
1 Zitrone
Daumengroßes Stück Ingwer
1 EL Leinöl

ZUBEREITUNG

Gurke halbieren, **Birne** und **Zitrone** in kleine Stücke schneiden und **Kopfsalat** von der Wurzel trennen.

Alle Zutaten mit Ausnahme des Leinöls der reihe nach in den Entsafter geben. Bei Bedarf in einem luftdichten Gefäß 5–10 Minuten in den Tiefkühler stellen. **Leinöl** unterrühren und servieren.

FRAGEN UND ANTWORTEN

Was ist, wenn ich einige Zutaten nicht zu Hause habe?

Einige der Zutaten lassen sich problemlos austauschen. Wenn du keinen Yaconsirup bestellen möchtest, weil du noch eine volle Tube Agavendicksaft zu Hause hast, geht die Welt davon nicht unter. Die Empfehlungen in diesem Buch sind das Optimum; wie weit du dich danach richtest, bleibt dir überlassen. Geschmacklich werden Änderungen natürlich Auswirkungen auf das Endergebnis haben, aber wenn du keinen Brokkoli magst, dafür aber lieber Blumenkohl isst: then go for it!

Sollte ich Supplemente zu mir nehmen?

Auch wenn viele Hersteller anderes behaupten, so bekommst du einen beachtlichen Teil deiner Nährstoffe immer noch durch eine ausgewogene Bio-Ernährung wie dieser. Dennoch kann es ratsam sein, um eventuelle Mängel zu beheben oder vorzubeugen, mit NEMs (Nahrungsergänzungsmitteln) zu supplementieren.

Nachdem ich über die letzten Jahre fast jeden großen Hersteller in Deutschland getestet habe, scheinen Stand heute (August 2023) liposomale Vitamine und Mineralstoffe die effektivste Form der Supplementierung zu sein. Dabei wird die Flüssigkeit (also z. B. das Vitamin C) in sogenannte Liposomen (kleine Kügelchen) verpackt und so vom Körper enorm gut resorbiert.

Ich selbst ergänze mit Vitamin C, Zink, zeitweise mit Vitamin D, einem B-Komplex und einem Algenöl. Ich rate dir, einfach mal ein paar Selbsttests von zu Hause aus zu machen, um dir ein aktuelles Bild zu verschaffen. So kannst du gezielt ergänzen. Von der blinden Einnahme von Multi-Vitamin-Tabletten rate ich ab. Auch hier findest du die von mir empfohlenen Produkte am Ende des Buches im Kapitel „Bezugsquellen“.

Was esse ich bei Heißhungerattacken?

Herkömmliche Süßigkeiten bestehen meist aus einer geschickten Fett-Zucker-Salz-Kombi, die dazu führt, dass wir immer mehr wollen oder hast du es schon mal geschafft, nur ein Stück Milchschokolade zu essen? Dieselbe Kombi bekommst du aber auch mit gesunden Lebensmitteln hin. Eine Dattel gefüllt mit Schokolade und Erdnussmus, leicht gesalzen, gibt deinem Körper genau das, wonach er verlangt. Du darfst nicht vergessen: Dein Körper verlangt nicht nach Pommes oder Chips oder Zimtschnecken. Er verlangt nach Fettigem, Salzigem oder Süßem. Dein Kopf ist derjenige, der dir sagt, dass dieses Verlangen nur mit bestimmten Lebensmitteln befriedigt werden kann. Das liegt daran, dass wir seit unserer Kindheit gelernt haben, dass „Süßes" eine Packung Gummibärchen bedeutet und nicht eine Packung Bergfeigen.

Wie du deine Heißhungerattacken demnach befriedigst, bleibt dir überlassen; es ist alles nur eine Frage des Trainings.

Dattel oder Donut? ;-)

Wie groß sind die Portionen?

Hinter jedem Rezept findest du eine Portionsgröße. Vielesser können auch gerne zwei Portionen Portionen essen. Pass die Mengenangaben ansonsten einfach nach deinem Hunger an. Ich esse meist nur zweimal am Tag, da die Mahlzeiten langanhaltend satt machen.

Wie ernähre ich mich unterwegs gesund?

Einige Rezepte kannst du super mitnehmen. Wenn dies nicht möglich ist, empfehle ich dir, immer einen Sojajoghurt und ein paar wilde Blaubeeren zu Hause zu haben. Vermischt du beides in einer Tuppderdose mit einer Handvoll Walnüssen, Hanfsamen und etwas Yaconsirup, hast du eine schnelle, vollwertige Zwischenmahlzeit. Reich an Omega-3-Fettsäuren aus den Walnüssen, Proteine und Zink aus den Hanfsamen, sekundäre Pflanzenstoffen aus den Blaubeeren und Probiotika aus dem Joghurt – top!

Muss ich mich glutenfrei ernähren?

Nein, eine glutenfreie Ernährung ist kein Muss, auch wenn sie für die meisten Menschen wahrscheinlich besser verdaulich ist. Ich selbst ernähre mich zu einem großen Teil glutenfrei, was mich aber nicht davon abhält, ab und an ein hochwertiges Vollkornbrot zu essen. Manchmal gönne ich mir sogar im indischen Restaurant ein paar frittierte Garlic-Naanbrote – unfassbar lecker. Im Alltag meide ich Gluten jedoch überwiegend.

Wie viel sollte ich trinken?

Einen Großteil deiner Flüssigkeit solltest du in den ersten zwei Dritteln des Tages trinken. Ich trinke um die 3 Liter pro Tag, davon bereits 1 Liter morgens nach dem

Aufstehen. Einen weiteren Liter trinke ich nach dem Sport und abends nur noch das, was nötig ist. Neben gutem gefiltertem Wasser gehen Tees, schwarzer Kaffee, Matcha, Espresso … also alles ohne Kalorien.

Ist Koffein erlaubt?

Natürlich. Das Problem liegt nicht im Koffein, sondern an den Menschen, die Koffein zu sich nehmen. Häufig wird Koffein in Kombination mit Milch und Zucker als Ersatz für gesunden Schlaf konsumiert. Das ist ein ungesunder Lifestyle, dafür kann aber die Kaffeebohne nichts. Gemäßigter Kaffeekonsum ist bei einem ansonsten gesunden Lebensstil also absolut kein Problem. Ich selbst trinke regemäßig morgens meinen Matcha, denn Koffein hat gezeigt, die Vorteile des Fastens zu intensivieren. Ein schwarzer Kaffee oder Espresso am Morgen kann demnach sogar hilfreich sein. Trinkst du deinen Kaffee jedoch mit Milch und Zucker oder nutzt ihn als Ersatz für Schlafmangel, wird's unschön, deshalb: stay clean.

Was ist, wenn ich ungesund esse?

Eine Packung wilde Blaubeeren bei einer ansonsten schlechten Ernährung macht dich nicht gesund. Genauso macht dich eine Tüte Chips bei einer ansonsten guten Ernährung auch nicht krank. Das Leben soll Spaß machen. Wenn für dich ab und an ein ungesunder Snack dazugehört, verbiete dir das nicht. Wichtig ist nur, dass wenn du sündigst, dass, wenn du sündigst, du es auch genießt. Nichts ist schlimmer, als ungesund zu essen und es dabei zu bereuen.

Muss ich bei der 100-werden-Diät auf etwas verzichten?

Die 100-werden-Diät ist frei von raffinierten Kohlenhydraten, Industriezucker, hochverarbeiteten Produkten, Fleisch, Fisch, Eiern und einem Großteil der Milchprodukte. Ich selbst ernähre mich zwar überwiegend vegan, konsumiere jedoch ab und zu Joghurt, Kefir, Rohmilchbutter und regelmäßig rohen Honig.

Ob du auf Fleisch und Co. verzichtest, bleibt dir überlassen. Nur wenige der ältesten Menschen der Welt haben komplett auf Fleisch verzichtet, maßvoller Genuss ist hier das Stichwort.

Bei einer Ernährung, die auf Hülsenfrüchten, violettem Obst, Samen, Nüssen und reichlich Gemüse basiert, macht es absolut nichts aus, wenn du einmal in der Woche ein Stück Fleisch, Fisch oder Käse isst.

Wichtig ist nur, dass du diese Lebensmittel in ihrer natürlichen Form isst. Eine hochverarbeitete Salami ist bezogen auf ihren Nährwert etwas völlig anderes als ein Stück Fleisch direkt vom Bauern.

Hochverarbeitet meint im Übrigen alles, was mehreren intensiven Verarbeitungsschritten unterzogen wurde und weit weg von dem natürlichen Produkt ist.

Eine im Tiefkühlfach konservierte Packung Erbsen ist so gesehen verarbeitet, hat jedoch einen ganz anderen Nährwert als der hochverarbeitete pflanzliche Burger auf Basis von Erbsenprotein.

Stell dir bei allem, was du im Supermarkt findest, einfach mal die folgende Frage: Was musste mit diesem Produkt geschehen, dass es so lange hier stehen kann, ohne schlecht zu werden?

... Und dann stell dir die Frage, ob du das, was die Industrie verwendet hat, um dieses Produkt so lange haltbar zu machen, wirklich konsumieren willst.

In manchen Fällen sind es harmlose Dinge wie etwas Wasser und Meersalz, wie z. B. bei Hülsenfrüchten.

In den meisten Fällen sind es jedoch Stoffe, die kein Mensch verzehren würde, würde man sie ihm einzeln so auf den Teller legen. Glück für die Lebensmittelindustrie, dass man sie in ihren Produkten weder schmeckt noch sieht.

Unter dem Gedanken ist meiner Meinung nach auch der Konsum von pflanzlichen Drinks fragwürdig. Ich mache mir meine Milch deshalb nur noch selbst – mit Nussmus, ein wenig Zimt, Meersalz und Wasser. Einfach alles mixen und fertig. So kann ich die Zutaten kontrollieren und schnell gemacht ist es zudem auch.

EIN GESUNDER DARM

Deine Organe sind der Schlüssel zu deiner Gesundheit. Hast du Hautprobleme, hast du wahrscheinlich Leberprobleme, hast du eine Immunschwäche, hast du wahrscheinlich eine Darmschwäche.

Dabei ist es gar nicht so schwierig, ein gesundes Mikrobiom – also einen gesunden Darm – aufzubauen und aufrechtzuerhalten.

Es gibt zwei Begriffe, die du kennen solltest: Probiotika und Präbiotika.

Probiotika

Das Wort Probiotika setzt sich aus den Begriffen *pro* und *bios* zusammen, das steht im Griechischen für „für" und „Leben", also: „für das Leben".

Jetzt weißt du auch, was Antibiotika bedeutet und wieso du diese nur in Notfällen einnehmen solltest.

Präbiotika

Präbiotika hat den Bestandteil *prä* im Wort, meint also „vor".

Probiotika sind somit das Leben in deinem Darm und Präbiotika sind das, was das Leben in deinem Darm braucht, um zu wachsen.

Viele Menschen glauben, es sei mit dem Essen getan: Das, was man sich oben reinschiebt, wird in der Mitte verwertet und alles Überflüssige kommt unten wieder raus. Aber so einfach ist das nicht.

Um das, wofür du dein Geld ausgibst und was du mit viel Mühe zubereitet hast, auch wirklich zu verwerten, brauchst du einen effizienten Darm.

Es gibt Menschen, deren Darm ist so rein, dass sie nur sehr, sehr wenig essen und trotzdem voller Muskelmasse und Energie strahlen, weil der Körper gelernt hat effizient zu arbeiten.

Es ist wie mit den Autos: Früher haben Autos um ein Vielfaches mehr geschluckt als heute, einfach weil sie ineffizienter gebaut wurden.

Einen gesunden Darm aufbauen

Einen gesunden Darm baust du auf, indem du zunächst schlechte Bakterien ausrottest. Das schaffst du am besten, indem du auf raffinierte Kohlenhydrate wie Weißmehl, weiße Pasta und helles Brot verzichtest. Auch Zucker in seiner losen Form wie in Softdrinks, Süßigkeiten und Süßungsmitteln sind tabu, denn das ist genau das, was die schlechten Bakterien in deinem Darm lieben. Verzichtest du auf Zucker, raubst du diesen Bakterien folglich ihre Lebensgrundlage und deine guten Darmbakterien können das Feld übernehmen.

Im zweiten Schritt isst du bei langsamer Steigerung reichlich präbiotische Lebensmittel. Sauerkraut, rohe Sojasoße, rohe Misopaste, Kimchi und, falls du Milchprodukte verzehrst, hochwertiger Bio-Kefir. Du kannst auch externe Probiotika zu dir nehmen, hier ist die Qualität jedoch das A und O. Viele Produkte sind mit Maltodextrin oder sonstigem Zeug gestreckt, was dir langfristig nur Probleme bereitet. Auch hier findest du in den Bezugsquellen meine Empfehlung.

Im dritten Schritt ist es wichtig, diese Bakterien zu füttern, sodass sie deinen Darm besiedeln und ihre Arbeit optimal verrichten können. Hierfür brauchst du Präbiotika; diese bekommst du durch Ballaststoffe, Ballaststoffe und noch mehr Ballaststoffe. Haferflocken, Äpfel, Leinsamen, Birnen, Trockenfrüchte, Linsen und Kokosprodukte sind großartige Ballaststofflieferanten!

Früher haben wir Menschen durch den Verzehr von Nüssen und viel Grünzeug reichlich Ballaststoffe zu uns genommen, heute kommt ein Großteil der Menschen in den westlichen Ländern nicht einmal auf 20 g, dabei sind 30 g täglich empfohlen.

Im Folgenden findest du eine Liste meiner Top-Ballaststoffquellen, gemessen an ihrem Gesamtnährwert.

Ballaststoffgehalt ausgewählter Lebensmittel[63]

Chiasamen	34 g
Yaconsirup	34 g
Leinsamen	27 g
Kakaobohnen, roh	19 g
Schwarze Linsen	17 g
Kokosmus	17 g
Gojibeeren	11 g
Haferflocken	10 g
Pekannüsse	8 g
Datteln	8 g
Mandelmus	8 g
Kichererbsen	8 g
Hanfsamen	7 g
Avocado	7 g
Walnüsse	6 g
Erbsen	6 g
Sonnenblumenkerne	5 g
Süßkartoffeln	3 g
Brokkoli	3 g
Äpfel	2 g

SPORT: USE IT OR LOSE IT

Sport

Als studierter Sportwissenschaftler musste ich dieses Kapitel integrieren, denn regelmäßiger Sport kann dir neben einer gesunden Ernährung so unglaublich viel Gutes geben.

Eine Mischung aus Yoga, Krafttraining, Schwimmen und Laufen (solange du nicht an extremem Übergewicht leidest) ist nach meiner Recherche optimal.

Auch wenn täglicher Sport super wäre, ist es längst kein Muss, um langfristig im Alltag leistungsfähig und gesund zu bleiben.

Vielmehr geht es darum, deinen Körper regelmäßig zu belasten, ihn zu fordern.

Yoga

Yoga ist insbesondere großartig für all diejenigen, die unter Rückenproblemen leiden, da es anders als Krafttraining nicht durch zusätzliches externes Gewicht den Druck auf die Muskeln erhöht. Hast du Rückenprobleme, würde ich mit Yoga beginnen.

Dennoch kann Yoga auch richtig anstrengend sein. Generell unterscheidet man zwischen Yin- und Yang-Yoga. Yin-Yoga fokussiert sich auf die Entspannung, während Yang-Yoga den Fokus auf kraftvolle und dynamische Bewegungen legt.

Es gibt auf YouTube mittlerweile unzählige tolle Workouts, falls du kein Studio besuchen willst.

Krafttraining

Ein Krafttraining ist für gesunde Knochen unerlässlich. Hebst du mit deinem Arm eine Hantel, wird der Druck über deine Muskeln, Sehnen und Bänder zu deinen Knochen weitergeleitet. Diese machen genau dasselbe wie deine Muskeln, sie hypertrophieren – d. h., sie werden stärker.

Deshalb haben Menschen, die regelmäßig Krafttraining betreiben, auch eine höhere Knochendichte und leiden im Alter seltener an Gebrechlichkeit.[64]

Darüber hinaus gibt dir Krafttraining ein tolles Körperbewusstsein, eine tolle Athletik und auch mehr Selbstbewusstsein.

Fast keine Sportart steigert mein Wohlbefinden nach so kurzer Zeit derart stark wie Krafttraining. Dabei kann Krafttraining so vielfältig sein: Turnringe, das eigene Körpergewicht, Hanteln, Kettlebells, Medizinbälle. Die Möglichkeiten sind endlos, tob dich aus!

Schwimmen

Schwimmen ist ideal. Zeit also, mal wieder die alte Badehose herauszukramen und ein paar Bahnen zu ziehen. Beim Schwimmen findet ein aerobes Training statt, ähnlich wie du es vom Laufen und Fahrradfahren kennst. Gleichzeitig trainierst du jedoch den gesamten Körper im Kraftausdauerbereich und obendrein noch deine Beweglichkeit, vorausgesetzt, du schwimmst in allen drei Lagen (Brust, Rücken, Kraul). Es ist mein Traum, in der Zukunft eine eigene 25-m-Schwimmbahn zu besitzen, denn nichts trainiert den Körper, wie ich finde, ganzheitlicher als Schwimmen. Wer etwas mehr Power haben möchte, kann 1/3 seines Trainings mit Paddles schwimmen, diese erweitern die Handoberfläche und erhöhen somit den Wasserwiderstand. Das führt dazu, dass du mehr Kraft aufbringen musst, um deinen Arm durchs Wasser zu ziehen, ein tolles und dennoch schonendes Trizepstraining.

Fahrradfahren

Der Geschäftsführer eines bekannten Fahrradladens in meiner Stadt sagte einmal zu mir: „Luke, mit dem Fahrrad zur Arbeit zu fahren, ist der beste Sport der Welt."

Auch wenn ich gerne auf meinem Rennrad unsere Radwege entlangrase, nutze ich das Fahrrad auch überwiegend als Fortbewegungsmittel. Fahrradfahren ist schonend für die Gelenke und du trainierst praktischerweise, während du von A nach B kommst, dein Herzkreislaufsystem, ohne lange Runden im Park laufen zu müssen. Ein Grund mehr, dein altes Bike aus dem Keller zu kramen und wieder herrichten zu lassen, selbst wenn du damit nur ab und zu deine wilden Blaubeeren beim Supermarkt fahren holst, jeder Pedaltritt zählt.

Joggen

Regelmäßiges Joggen ist wie auch alle anderen Ausdauersportarten bestens geeignet um die Diversität deiner Darmbakterien zu erhöhen. Ich laufe um mein Leben gerne. Egal, ob durch die Londoner Innenstadt, meinen Bochumer Stadtpark oder die Strandpromenade in Tel Aviv. Trainierst du dir eine gute Lauftechnik an, wirst du schnell Fortschritte erzielen – falls du das Ganze etwas sportlicher angehen magst. Bist du aktuell noch übergewichtig, sind jedoch Schwimmen und Fahrradfahren die deutlich gelenkschonenderen Sportarten. Auch solltest du bei einem regelmäßigen Lauftraining deinen Eisenwert bzw. deinen Ferritinwert* im Blick behalten, da bei jedem Aufprall Eisen vom Körper verbraucht wird.

Gerade bei längeren Distanzen ist die Wahl eines richtigen Laufschuhs essentiell, um langfristige Verletzungen vorzubeugen. Mach hier gerne eine Laufanalyse, diese sind auch garnicht so teuer und liegen preislich bei ca. 30 €. Sie helfen dir, den richtigen Laufschuh zu finden und das Verletzungsrisiko zu minimieren. Ich selbst laufe am liebsten in den Schuhen der Marken *brooks* und *on*.

* Der Ferritinwert ist deutlich aussagekräftiger beim Thema Eisenversorgung als der alleinige Eisenwert. Ferritin ist das Eiweiß, welches Eisen speichert.

WASSER – NICHTS IST WICHTIGER

Der Mensch besteht zu etwa 65 % aus Wasser, bei der Geburt sind es sogar um die 80 %. Verwunderlich, dass wir uns über unsere Wasserzufuhr nicht einmal annähernd so viele Gedanken machen wie über unseren Bizeps, unser Parfüm, unsere Proteine oder unser Make-up.

Ende 2022 bekam ich durch Zufall bei mir zu Hause eine Wasserberatung inklusive Geschmacks-, Geruchs- und Sehtest. Das Ergebnis war erschreckend.

Blickt man hinter die Kulissen unseres Leitungswassers, so möchte man keinen einzigen Schluck mehr davon trinken. Leider sieht es mit dem abgepackten Wasser nicht besser aus, denn die Mineralwasserverordnung ist noch lockerer getaktet als die Verordnung für das Wasser, das aus unseren Hähnen fließt. Deshalb empfehle ich auch kein Wasser aus dem Supermarkt, mit der Ausnahme von Lauretana, Black Forest und PLOSE.

Das, was mich an der ganzen Thematik jedoch am meisten ärgert, ist die Tatsache, dass richtig gute Wasserfilter wie der unsere direkt um die 3000 € kosten, was sich auf Anhieb nicht jeder leisten kann. Auf Dauer spart man jedoch richtig Geld, so zahlen wir im Jahr um die 300 € für reinstes Bergquellwasser. Das entspricht einem Monatsbeitrag von 12 € pro Person.

Wir nutzen das Wasser zum Trinken, zum Kochen, für unsere Zimmerpflanzen und für unsere Kater. Für den Abwasch und Wärmeflaschen nutzen wir weiterhin normales Kranwasser.

Gutes Wasser sollte ungesättigt sein, auch wenn in der Werbung immer das Gegenteil behauptet wird. Wasser ist nicht dazu da, um unseren Körper mit Mineralstoffen zu versorgen; dafür haben wir Lebensmittel wie Nüsse, Hülsenfrüchte und Vollkorngetreide.

Wasser ist dazu da, uns zu reinigen. Du kannst dir gutes ungesättigtes Wasser vorstellen wie einen leeren LKW, der in dich reinfährt, den ganzen Müll mitnimmt und wieder aus dir rausfährt.

Ist der LKW jedoch schon beladen mit Schwermetallen, Pestiziden und Medikamentenrückständen aus gesättigtem Leitungs- oder Mineralwasser, kann er in deinem Körper nichts mehr abtransportieren, sondern belädt dich zusätzlich mit Ballast.

Wir nutzen die Filteranlage der Firma Bela Aqua, dies ist aber bei Weitem nicht die einzig gute auf dem Markt. Kannst du dir noch keine professionelle Filteranlage leisten, rate ich dir zu klassischen Kannenfiltern. Wichtig ist jedoch, diese Filter ausschließlich zum Filtern und nicht zur Aufbewahrung des Wassers zu verwenden. Testergebnisse konnten zeigen, dass sich Keime und Bakterien in den Behältern schneller vermehren als die Datteln in meinem Einkaufskorb auf einem israelischen Food-Markt. Deshalb rate ich dir, das Wasser direkt in Glasflaschen umzufüllen und bei längerer Lagerung im Kühlschrank aufzubewahren.

6 REGELN FÜR EIN LANGES UND GESUNDES LEBEN

Nr. 1 Genießen

Ein gesunder Lebensstil muss Spaß machen, ansonsten wirst du ihn zwangsläufig irgendwann nicht mehr durchziehen. Unser Körper ist darauf getrimmt, den einfachsten und bequemsten Weg zu gehen.

Deshalb ist es wichtig, dass du für dich einen Weg findest, wie du die Pflege deines Körpers mit Genuss und nicht mit Anstrengungen und einem „Ich-muss"-Gefühl verbindest.

Nicht jeder muss zur Sportkanone werden, aber ein Training durchzuziehen, das du nicht genießt, geht irgendwann nach hinten los.

Aus dem Bereich der Gewohnheitsbildung gibt es den Trick, etwas Unangenehmes mit etwas Angenehmem zu verbinden. So kannst du z. B. während des Joggens deinen Lieblingspodcast hören oder du belohnst dich nach einer Yogaeinheit mit etwas Schönem.

Ich lege dir jedoch ans Herz, Gesundheit ganzheitlich zu betrachten. Sieh deinen Körper wie ein Gemälde, welches du täglich verschönern möchtest. Ein paar Beeren für strahlende Haut, etwas Yoga für mehr Flexibilität, heute mal wieder Krafttraining für ein knackiges Aussehen und guter Schlaf für Klarheit und Fokus. Wenn du es schaffst, Gesundheit zu deinem Hobby zu machen, hast du den einfachsten Weg gefunden, diesen Lebensstil lebenslang beizubehalten.

Nr. 2 Es gibt nie nur einen Weg

Auch wenn du in diesem Buch keine Rezepte mit Fleisch, Fisch oder Eiern findest, heißt das nicht, dass du nicht auch mit diesen Lebensmitteln sehr alt werden kannst.

Jeder von uns ist anders und jeder hat andere Bedürfnisse. Manche Menschen merken, dass ihnen der regelmäßige Verzehr von etwas Fisch guttut, andere wiederum greifen lieber auf Algenöl zurück. Auch die Bewohner der Blue Zones – der Regionen auf der Welt, an denen die Menschen am ältesten werden – haben sich sehr unterschiedlich ernährt.

Deshalb solltest du dich auch niemals einer Ernährungsform wie Paleo, Atkins, Vegan oder Keto blind anschließen, als wäre sie eine Religion.

Sei offen für jede Ernährungsform und schau dir die Vorteile und Nachteile genau an, so lernst du diese für dich zu bewerten und einzuordnen.

Auch wenn ich kein Fleisch esse, informiere ich mich regelmäßig über die gesundheitlichen Vorteile von Fleisch. Auf diese Weise lerne ich zu beurteilen, ob diese wirklich so toll sind oder ob die Nachteile nicht doch überwiegen.

Sei offen und verschließe dich nichts Neuem. Das hilft enorm, ein breites und objektives Wissen zu erlangen, welches du an andere weitergeben kannst.

Nr. 3 Die Erfahrungsrendite

Rendite beziehen wir meist auf einen bestimmten Geldbetrag, den wir durch das Investieren in etwas erwirtschaftet haben. Die Rendite zielt also darauf ab, unser Vermögen zu erweitern. Die Erfahrungsrendite zielt jedoch darauf auf ab, unsere Erfahrungen zu erweitern.

Am Ende des Tages gehen wir alle nur mit dem, was uns niemand nehmen kann: unseren Erlebnissen und Erinnerungen, die wir auf dieser Erde gesammelt haben.

Die Menschen, die Reisen, die Erlebnisse, die Fähigkeiten und die Neuentdeckungen machen uns aus, nicht der Benz oder die Roli.

Auch Studien zeigen, dass wir Menschen am glücklichsten sind, wenn wir unser Geld für Erfahrungen ausgeben, nicht für Konsumgüter.[65]

Ich gebe mein Geld deshalb fast nur noch für Erfahrungen aus, um meine Erfahrungsrendite so hoch wie möglich zu halten.

Nr. 4 Stress reduzieren

Leider steht in unserer schnelllebigen westlichen Welt, die auf „höher, schneller, weiter" getrimmt ist, Stress bei vielen im Alltag an oberster Stelle.

Viele meiner Freunde sind konstant durch die Arbeit oder die Uni gestresst und rasen eigentlich den ganzen Tag nur von A nach B, von Projekt zu Projekt und von Klausur zu Klausur.

Neben den gesundheitlichen Nachteilen von Stress führt dies vor allem dazu, dass wir das Leben eigentlich gar nicht mehr selbstbestimmt und aktiv leben, da wir so sehr in den kleinen alltäglichen Dingen gefangen sind, dass wir den Blick für das große Ganze verlieren.

Ich weiß, für viele ist es nicht einfach, aus diesen Mustern auszubrechen, insbesondere wenn man zu Hause finanziellen Verpflichtungen gerecht werden muss.

Dennoch solltest du versuchen, dein Stresslevel langfristig niedrig zu halten. Kurzfristige stressige Phasen sind hingegen manchmal wichtig und können von Vorteil sein, um „auf das nächste Level zu kommen".

Aber dem Hamsterrad zu entkommen und öfter etwas durchzuatmen, ist sicherlich für deine seelische und körperliche Gesundheit ein kluger Schachzug.

Nr. 5 Bilde Gewohnheiten

Bryan Johnson, ein Multimillionär aus Los Angeles gibt täglich 1500 € aus, um seinen 43-jährigen Körper auf den Stand eines 18-jährigen zu bringen.

Alleine seine Morgenroutine besteht aus über 100 kleinen Routinen, die er ausführt. Er selbst sagt, dass er diese Routinen nur deshalb ausführen kann, weil er es sich selbst leicht macht, durch die Bildung von Gewohnheiten.

Ich habe es mir über die Jahre zur Gewohnheit gemacht, wann immer der Mixer läuft, 20 Liegestütze auf dem Boden zu machen. Manchmal sind es auch nur 12 oder 15, aber ich mache die Liegestütze. Wenn du gelernt hast, wie du Gewohnheiten bildest, läuft vieles im Leben einfacher. Es gibt etliche Bücher, die dieses Thema behandeln, in denen du viele praktische Tipps lernst. Investier unbedingt in solch ein Buch; ich verspreche dir, es wird dein Leben nachhaltig prägen und dir bei der Umsetzung einer gesunden Ernährung behilflich sein.

Der Bestseller *Atomic Habits* (Die 1%-Methode) ist hier sicherlich ein guter Start in das Thema.

Nr. 6 Selbstzerstörerisches Verhalten

Würden wir Menschen nur damit aufhören, uns auf täglicher Basis selbst zu zerstören, würden wir schon einen riesigen Schritt Richtung Gesundheit und Langlebigkeit tun, ohne überhaupt jemals eine wilde Blaubeere angerührt zu haben.

„Selbst zerstören" klingt vielleicht hart, entspricht aber in vielen Fällen leider der Realität. Wir gehen spät schlafen und kompensieren den schlechten Schlaf mit Energydrinks und gezuckertem Kaffee. Wir frühstücken nicht optimal – und das meistens noch im Gehen oder unter Zeitdruck. Wir greifen lieber zu fetthaltiger, zuckerreicher Fertignahrung in Verpackungen, anstatt selbst zu kochen. All diese Verhaltensweisen im Alltag lassen uns auf zellulärer Ebene schneller altern, was meist mit vielen typischen „Altersbeschwerden" einhergeht.

Wenn mich Menschen danach fragen, wie sie ihren Darm am besten auf Vordermann bringen können, ist meine erste Antwort immer: „Lass den Zucker weg, um erst mal die ganzen schlechten Bakterien auszurotten." Wenn du erst einmal damit aufhörst, Dinge im Alltag zu tun, von denen du weißt, dass sie dir nicht guttun, wie Rauchen, langes Sitzen, Alkohol, Zucker, Fertigprodukte usw., dann wirst du automatisch gesündere Entscheidungen treffen.

Das klingt vielleicht nach einem langweiligen Leben, aber die Vitalität, die du dadurch erlangst, ist es allemal wert! ... Und unter uns: Nichts spricht gegen ein Glas Wein, eine Pizza oder eine 6er-Box Donuts ab und zu. Es ist alles eine Frage der Menge.

BE HAPPY! ONE LIFE!

What If I told you this was the last Monday morning of your life?

So lautet der Spruch einer meiner Mentoren.

Es geht schließlich nicht nur darum, 100 zu werden, sondern darum, das Leben in vollen Zügen zu genießen. Die Chance, dass du und ich auf dieser Welt als die Person gekommen sind, die wir sind, ist so unfassbar gering, dass wir für jeden Tag dankbar sein sollten.

Langlebigkeit hat auch etwas mit Glück zu tun und es ist nicht immer alles schwarzweiß. Wenn du deinen Fastenprozess unterbrichst, weil du gerne an einem Abend mit Freunden ein Glas Wein trinken möchtest und dich der Abend seelisch erfüllt, kann auch das ein Schlüssel zur Langlebigkeit sein.

Glück und Freude am Leben sind sicherlich das Wichtigste; der Lebensstil sollte dich dabei unterstützen, nicht behindern.

Deshalb ist es auch so wichtig, eine Ernährungsweise und ein Sportprogramm zu finden, welches sich an dein Leben anpasst und nicht andersherum.

Probiere dein Glück in den alltäglichen Dingen zu finden, anstatt ständig auf den Feierabend, das Wochenende oder den nächsten Sommerurlaub zu warten.

Wenn du das, was du täglich machst, liebst, wirst du merken, dass alles andere wie Urlaube, Events außerhalb der Reihe und Konsumgüter einfach nur ein nettes Add-on auf ein ansonsten schon tolles Leben sind. Manchmal sind die Wege hin zu einem glücklichen und vollkommenen Leben hart, aber glaub mir, ich kann dir aus Erfahrung sagen: Es lohnt sich! 100 werden soll ja auch Spaß machen.

HÖR AUF DEINEN KÖRPER

Über allen Tipps, Grafiken und Theorien aus diesem Buch schwebt eine goldene Regel: Hör auf deinen Körper. Der wichtigste Aspekt meiner Recherchen zur gesunden Ernährung in den letzten 8 Jahren war, alles theoretisch Gelernte an mir selbst auszuprobieren und zu hören, was mein Körper mir sagt.

In vielen Bereichen des Lebens hören wir blind auf unseren Körper. Wenn unsere Blase uns sagt, dass sie geleert werden möchte, besuchen wir die Toilette.

Fühlen wir uns emotional verletzt, beginnen wir zu weinen. Empfinden wir Freunde, ziehen sich unsere Mundwinkel nach oben.

Doch in anderen Bereichen haben wir verlernt, auf das zu hören, was unser Körper uns sagt. Wir essen weiter, obwohl unser Magen uns signalisiert, dass er gefüllt ist, und verschieben unseren Schlaf nach hinten, weil wir die Nacht durcharbeiten wollen.

Ab und an ist das natürlich okay; stressige Phasen, in denen man Gas gibt, gehören zum Leben dazu und dass die Augen manchmal größer sind als der Magen, ist auch normal.

Auf Dauer ist das jedoch nicht zu empfehlen.

Insbesondere bei der Ernährung ist es enorm wichtig, darauf zu hören, was dir guttut. Manche Menschen verspüren durch eine überwiegend fettreiche Ernährung mehr Energie als durch eine kohlenhydratbasierte, andere wiederum essen lieber früh als spät und wieder andere benötigen bis mittags überhaupt keine Kalorienzufuhr.

Deshalb empfehle ich auch nur sehr selten Lebensstile wie Low-Carb, Intervallfasten oder Keto – weil eben jeder anders ist.

Nimm dir für die nächste Zeit mal bewusst vor, auf das zu hören, was dein Körper dir beim Essen signalisiert. Ordne dich keiner Ernährung unter, sondern mache das, was dir guttut, und sei frei in deinem Essverhalten.

100 WERDEN –
1 TAG IN MEINEM LEBEN

- Aufstehen um ca. 6:30 Uhr.
- LWL-Regel: Licht, Wasser & Luft.
- Ins Licht schauen, um wach zu werden. 500–700 ml Wasser trinken, um den Körper bei der Ausleitung der Abfallstoffe am Morgen zu unterstützen. Frische Luft atmen, um den Körper anzuregen.
- Usucha-Matcha trinken.
- Ca. 45 Minuten Sport. Yoga, Schwimmen, Krafttraining oder Laufen.
- Frühstück. Damals habe ich erst gegen 12:00 Uhr gefrühstückt und demnach auch erst spät abendgegessen. Heute habe ich meine Essperiode nach vorne verschoben und frühstücke meist schon gegen 08:00/9:00 Uhr.
- Frühstück bestehend aus:
  1 EL frisch gepresstes Leinöl/Schwarzkümmelöl
  Probiotischer Kokosjoghurt oder Probiotika-Kapseln
  Die Super 6
  Wilde Blaubeeren oder andere violette Früchte
  Wahlweise gekeimte Haferflocken oder Haferkleie
  Einnahme Vitamin C, Zink, Vitamin D und Algenöl
- Arbeit oder andere Aktivitäten.
- Aktive Bewegung, z. B. in die Stadt oder zum Supermarkt laufen, Sachen im Haushalt.
- Mittagessen zwischen 14:00 und 16:00 Uhr. Zu 90 % esse ich Rezepte aus diesem Buch, ergänzt mit einer extra Portion Brokkoli und Knoblauch.
- Proteinshake aus Hanfprotein.
- Arbeit oder andere Aktivitäten.
- Keine Flüssigkeiten ab 19:00 Uhr.
- Fasten bis zum nächsten Tag, 16–17 Stunden.
- Schlafen, wenn ich müde werde.

LUKE JAQUE-RODNEY
Voll Versorgt Liste
Die Liste, die dich voll versorgt.
Juli 2023
www.lukejaquerodney.de
LUKE JAQUE-RODNEY

MIT ALLEN NÄHRSTOFFEN VERSORGT

Damit du im Alltag ausreichend mit allen Nährstoffen versorgt bist, habe ich dir die „Voll Versorgt Liste" erstellt. Du findest sie zum kostenlosen Download auf meiner Website. Speichere sie die gerne einfach aufs Handy, so hast du sie immer bei dir. Gerade beim Einkaufen sehr praktisch! Die Liste soll dir dabei helfen, eventuelle Mängel vorzubeugen. Auch hilft sie dir bei bestehendem Mangel gezielt mit den richtigen Lebensmitteln auszugleichen. Musst du deine Eisenwerte etwas hochschrauben? Gib' gerne über jedes der Gerichte aus dem Kochbuch ein wenig Kürbiskerne oder Leinsamen. Kalziummangel? Sesamsamen über das Frühstücks-Porridge, Tahina über den Salat am Abend. Mehr Proteine? Die Liste zeigt dir welche pflanzlichen Proteine vollständig sind, also alle essentiellen Aminosäuren enthalten.

Sind die Speicher bei einem oder mehrerer deiner Mikronährstoffe stark geleert, empfehle ich kurzfristig zusätzlich mit hoch dosierten Nahrungsergänzungsmitteln zu ergänzen. Sobald du im Normalbereich bist, können die Lebensmittel wieder ausschließlich diesen Job übernehmen. Wer nicht gerne zum Arzt geht, um seine Blutwerte testen zu lassen, dem empfehle ich die Selbsttests von der Seite strunz.com. Du nimmst dir hier zuhause selbst das Blut ab und schickst es dann in ein Labor. Ich lasse meine Blutwerte schon seit Jahren so testen. Einmal im Jahr mache ich das Aminogramm und den Mineralstofftest. Mit etwas mehr als 300€ sicherlich nicht günstig, aber wie schnell sind 300€ mal für andere Dinge ausgegeben? Ich halte mich hier an den Grundsatz: *What gets measured, gets improved.* Vitamin D und B12 lasse ich ebenfalls ab und zu checken, aber du kriegst hier recht schnell ein Gefühl dafür, ob du ausreichend versorgt bist oder nicht. Weitere (etwas günstigere) Anbieter, die ich getestet habe, sind Cerascreen, Lykon und Bioniq. Klick dich einfach mal ein bisschen durch und schau was dir zusagt.

Die Voll Versorgt Liste bezieht sich auf alle Vitamine, Mineralstoffe und ein paar Extras wie hervorragende Quellen für Antioxidantien, Omega 3 Fettsäuren, erstklassige Proteinlieferanten und Lebensmittel für deine Darmgesundheit. Um sie herunterzuladen, darfst du gerne einfach den QR mit deiner Handy Kamera scannen, so kommst du direkt zum Bereich „Downloads" auf meiner Website.

SCAN ME

DANKE!

Ich danke dir.
Ohne dich und alle anderen, die meine Inhalte konsumieren, wäre das alles nicht hier!

Ich danke dem Eulogia-Verlag.
Ihr habt mir bei der Gestaltung dieses Buches ein Maximum an Freiheit gegeben. Das wusste ich von Anfang an zu schätzen!

Ich danke meinen Eltern.
Mummy, Daddy, ihr habt mich immer fliegen lassen im Leben und wart gleichzeitig die allergrößte Stütze, die ich mir wünschen konnte, in allem!

Ich danke Marius.
Für das Coverfoto, so wie ich es mir vorgestellt habe, und dafür, dass du mich in meinen Anfängen mit unzähligen Stunden in der Küche beim Drehen unterstützt hast!

Ich danke Joni.
Ohne Spaß, keiner hypet die Sachen so sehr wie du, ich liebe deine Reaktionen und deine Unterstützung bei allem, was ich mache!

Ich danke Jack Harlow.
Deine Musik hat mich durch die 11-Stunden-Arbeitstage gebracht, an denen ich nonstop in der Küche stand. „Out in Adbu Dhabi, and they dress in all white, oh, y'all must be feelin' godly."

Ich danke Billy & Babou.
Billy, nichts hat mich mehr entspannt als du, wenn du wieder neben mir in Frieden geschlafen hast. Babou, ich danke dir, dass du mich manchmal vom Schreiben abgelenkt hast, weil du dein starkes Bedürfnis geschmust zu werden nicht unterdrücken konntest.

Ich danke meinem Usucha-Matcha.
Der Fokus und die Energie, die du mir über die langen und harten Arbeitstage gegeben hast, hat mich jeden Tag wieder aufs Neue fasziniert.

Ich danke Vicky.
Du warst die allererste Person, die an mich geglaubt hat. Ich habe in meinem Leben noch nie einen Menschen getroffen, der mich so begeistert, wie du es tust. Du bist das Wichtigste für mich. Du hast jedes Rezept getestet und mir für jedes Food-Foto direktes Feedback gegeben, du warst meine größte Motivation. Viele der Bilder im Buch hast du geschossen, alleine wenn ich daran denke, wie wir in der israelischen Wüste bei brütender Hitze, umgeben von den beißenden Fliegen, das Foto an der Dattelpalme gemacht haben. Wahnsinn. Du bist so toll!
Ich liebe Dich.
....bg.

Hier war ich in London und habe die letzten Zeilen fürs Buch fertig geschrieben. Es war das Kapitel „Die wichtigsten Pflanzenstoffe für ein langes Leben".

Etliche Versuche habe ich gebraucht um das Hoummus Rezept fertig zu stellen ... Dies hier war der finale Geschmackstest. Wieso ich im Wohnzimmer gemixt habe? Ich weiß es nicht mehr ...

BEZUGSQUELLEN

Eine ständig von mir aktualisierte Liste meiner Bezugsquellen findest du, wenn du diesen QR-Code mit deiner Handykamera scannst.

SCAN ME

MEINE ARBEIT AUF SOCIAL MEDIA

Auf Social Media poste ich täglich zum Thema Ernährung und einem bewussten gesunden Lebensstil.

Die Links zu meinen Kanälen findest du unter den jeweiligen QR-Codes.

SCAN ME	SCAN ME	SCAN ME	SCAN ME
Instagram	YouTube	TikTok	www

סדנאות

QUELLEN

1 Miyagi, S., N. Iwama, T. Kawabata, und K. Hasegawa. „Longevity and Diet in Okinawa, Japan: The Past, Present and Future". *Asia-Pacific Journal of Public Health* 15 Suppl (2003): S3-9. https://doi.org/10.1177/101053950301500S03.

2 WCRF International. „Global Cancer Data by Country | World Cancer Research Fund International". Zugegriffen 26. Januar 2023. https://www.wcrf.org/cancer-trends/global-cancer-data-by-country/.

3 Phaniendra, Alugoju, Dinesh Babu Jestadi, und Latha Periyasamy. „Free Radicals: Properties, Sources, Targets, and Their Implication in Various Diseases". *Indian Journal of Clinical Biochemistry* 30, Nr. 1 (Januar 2015): 11–26. https://doi.org/10.1007/s12291-014-0446-0.

4 Silva, Rui F. M., und Lea Pogačnik. „Polyphenols from Food and Natural Products: Neuroprotection and Safety". *Antioxidants* 9, Nr. 1 (10. Januar 2020): 61. https://doi.org/10.3390/antiox9010061.

5 Fuhrman, Dr. Joel. „ANDI Food Scores: Rating the Nutrient Density of Foods". ANDI Food Scores: Rating the Nutrient Density of Foods, 20. April 2023. https://www.drfuhrman.com/blog/128/andi-food-scores-rating-the-nutrient-density-of-foods.

6 Yilmaz, C., und V. Gökmen. „Chlorophyll". In *Encyclopedia of Food and Health*, herausgegeben von Benjamin Caballero, Paul M. Finglas, und Fidel Toldrá, 37–41. Oxford: Academic Press, 2016. https://doi.org/10.1016/B978-0-12-384947-2.00147-1.

7 Alirezaei, Mehrdad, Christopher C. Kemball, Claudia T. Flynn, Malcolm R. Wood, J. Lindsay Whitton, und William B. Kiosses. „Short-term fasting induces profound neuronal autophagy". *Autophagy* 6, Nr. 6 (16. August 2010): 702–10.

8 Pahwa, Roma, Amandeep Goyal, und Ishwarlal Jialal. „Chronic Inflammation". In *StatPearls*. Treasure Island (FL): StatPearls Publishing, 2023. http://www.ncbi.nlm.nih.gov/books/NBK493173/.

9 Furman, David, Judith Campisi, Eric Verdin, Pedro Carrera-Bastos, Sasha Targ, Claudio Franceschi, Luigi Ferrucci, u. a. „Chronic inflammation in the etiology of disease across the life span". *Nature medicine* 25, Nr. 12 (Dezember 2019): 1822–32. https://doi.org/10.1038/s41591-019-0675-0.

10 „ANHUSA-glyphosate-breakfast-study-FINAL.pdf". Zugegriffen 1. Februar 2023. https://www.anh-usa.org/wp-content/uploads/2016/04/ANHUSA-glyphosate-breakfast-study-FINAL.pdf.

11 Ensari, Ipek, Brian M. Sandroff, und Robert W. Motl. „Effects of Single Bouts of Walking Exercise and Yoga on Acute Mood Symptoms in People with Multiple Sclerosis". *International Journal of MS Care* 18, Nr. 1 (2016): 1–8. https://doi.org/10.7224/1537-2073.2014-104.

12 Weinstein, Ali A., Christine Koehmstedt, und Willem J. Kop. „Mental Health Consequences of Exercise Withdrawal: A Systematic Review". *General Hospital Psychiatry* 49 (November 2017): 11–18. https://doi.org/10.1016/j.genhosppsych.2017.06.001.

13 Marzolini, Susan, Dina Brooks, Paul Oh, David Jagroop, Bradley J. MacIntosh, Nicole D. Anderson, David Alter, und Dale Corbett. „Aerobic With Resistance Training or Aerobic Training Alone Poststroke: A Secondary Analysis From a Randomized Clinical Trial". *Neurorehabilitation and Neural Repair* 32, Nr. 3 (März 2018): 209–22. https://doi.org/10.1177/1545968318765692.

14 Zulfarina, Mohamed S., Ahmad M. Sharkawi, Zaris-Sm Aqilah-S N, Sabarul-Afian Mokhtar, Shuid A. Nazrun, und Isa Naina-Mohamed. „Influence of Adolescents' Physical Activity on Bone Mineral Acquisition: A Systematic Review Article". *Iranian Journal of Public Health* 45, Nr. 12 (Dezember 2016): 1545–57.

15 Nystoriak, Matthew A., und Aruni Bhatnagar. „Cardiovascular Effects and Benefits of Exercise". *Frontiers in Cardiovascular Medicine* 5 (28. September 2018): 135. https://doi.org/10.3389/fcvm.2018.00135.

16 Mann, Steven, Christopher Beedie, und Alfonso Jimenez. „Differential Effects of Aerobic Exercise, Resistance Training and Combined Exercise Modalities on Cholesterol and the Lipid Profile: Review, Synthesis and Recommendations". *Sports Medicine (Auckland, N.z.)* 44, Nr. 2 (2014): 211–21. https://doi.org/10.1007/s40279-013-0110-5.

17 „List of ORAC values of food items." Zugegriffen 21. April 2023. https://www.phytochemicals.info/list-orac-values.php.

18 Wu, Xianli, Gary R. Beecher, Joanne M. Holden, David B. Haytowitz, Susan E. Gebhardt, und Ronald L. Prior. „Lipophilic and Hydrophilic Antioxidant Capacities of Common Foods in the United States". *Journal of Agricultural and Food Chemistry* 52, Nr. 12 (16. Juni 2004): 4026–37. https://doi.org/10.1021/jf049696w.

19 Hyman, Mark. *Young Forever: The Secrets to Living Your Longest, Healthiest Life*. London: Yellow Kite, 2023.

20 Kajla, Priyanka, Alka Sharma, und Dev Raj Sood. „Flaxseed—a potential functional food source". *Journal of Food Science and Technology* 52, Nr. 4 (April 2015): 1857–71. https://doi.org/10.1007/s13197-014-1293-y.

21 Depommier, Clara, Amandine Everard, Céline Druart, Hubert Plovier, Matthias Van Hul, Sara Vieira-Silva, Gwen Falony, u. a. „Supplementation with Akkermansia muciniphila in overweight and obese human volunteers: a proof-of-concept exploratory study". *Nature medicine* 25, Nr. 7 (1. Juli 2019): 1096–1103. https://doi.org/10.1038/s41591-019-0495-2.

22 Zhang, Hua, und Rong Tsao. „Dietary Polyphenols, Oxidative Stress and Antioxidant and Anti-Inflammatory Effects". *Current Opinion in Food Science*, Food microbiology · Functional foods and nutrition, 8 (1. April 2016): 33–42. https://doi.org/10.1016/j.cofs.2016.02.002.

23 Ding, Sujuan, Hongmei Jiang, und Jun Fang. „Regulation of Immune Function by Polyphenols". *Journal of Immunology Research* 2018 (12. April 2018): 1264074. https://doi.org/10.1155/2018/1264074.

24 „Polyphenol and antioxidant content in the 100 richest foods (mg per 100... | Download Table". Zugegriffen 19. Juni 2023. https://www.researchgate.net/figure/Polyphenol-and-antioxidant-content-in-the-100-richest-foods-mg-per-100-g-or-mg-per-100_tbl1_47661728#.

25 Wang, Ying, Zhenzhen Liu, Yi Han, Jiping Xu, Wen Huang, und Zhaoshen Li. „Medium Chain Triglycerides enhances exercise endurance through the increased mitochondrial biogenesis and metabolism". *PLoS ONE* 13, Nr. 2 (8. Februar 2018): e0191182. https://doi.org/10.1371/journal.pone.0191182.

26 Yuting Tian, null, null Tianli Yue, null Jinjin Pei, null Yahong Yuan, null Juhai Li, und Y. Martin Lo. „Effects of Cell Lysis Treatments on the Yield of Coenzyme Q10 Following Agrobacterium Tumefaciens Fermentation". *Food Science and Technology International = Ciencia Y Tecnologia De Los Alimentos Internacional* 16, Nr. 2 (April 2010): 195–203. https://doi.org/10.1177/1082013210366788.

27 „Can Glyphosate Herbicide Harm Your Health?" WebMD. Zugegriffen 19. Juni 2023. https://www.webmd.com/cancer/herbicide-glyphosate-cancer.

28 Guan, Yong-Song, und Qing He. „Plants Consumption and Liver Health". *Evidence-based Complementary and Alternative Medicine : eCAM* 2015 (2015): 824185. https://doi.org/10.1155/2015/824185.

29 Hodges, Romilly E., und Deanna M. Minich. „Modulation of Metabolic Detoxification Pathways Using Foods and Food-Derived Components: A Scientific Review with Clinical Application". *Journal of Nutrition and Metabolism* 2015 (16. Juni 2015): e760689. https://doi.org/10.1155/2015/760689.

30 Joe, B., M. Vijaykumar, und B. R. Lokesh. „Biological Properties of Curcumin-Cellular and Molecular Mechanisms of Action". *Critical Reviews in Food Science and Nutrition* 44, Nr. 2 (2004): 97–111. https://doi.org/10.1080/10408690490424702.

31 Chacko, Sabu M, Priya T Thambi, Ramadasan Kuttan, und Ikuo Nishigaki. „Beneficial effects of green tea: A literature review". *Chinese Medicine* 5 (6. April 2010): 13. https://doi.org/10.1186/1749-8546-5-13.

32 Martel, Jan, David M. Ojcius, Yun-Fei Ko, Po-Yuan Ke, Cheng-Yeu Wu, Hsin-Hsin Peng, und John D. Young. „Hormetic Effects of Phytochemicals on Health and Longevity". *Trends in Endocrinology and Metabolism: TEM* 30, Nr. 6 (Juni 2019): 335–46. https://doi.org/10.1016/j.tem.2019.04.001.

33 Reid-McCann, Rachel J., Sarah F. Brennan, Michelle C. McKinley, und Claire T. McEvoy. „The effect of animal versus plant protein on muscle mass, muscle strength, physical performance and sarcopenia in adults: protocol for a systematic review". *Systematic Reviews* 11, Nr. 1 (13. April 2022): 64. https://doi.org/10.1186/s13643-022-01951-2.

34 „Muscle tissue changes with aging - PMC". Zugegriffen 19. Juni 2023. https://www.ncbi.nlm.nih.gov/pmc/articles/PMC2804956/.

35 Feskanich, Diane, Heike A. Bischoff-Ferrari, A. Lindsay Frazier, und Walter C. Willett. „Milk Consumption during Teenage Years and Risk of Hip Fractures in Older Adults". *JAMA Pediatrics* 168, Nr. 1 (Januar 2014): 54–60. https://doi.org/10.1001/jamapediatrics.2013.3821.

36 ResearchGate. „Figure 1: A Fitted Line Plot Showing the Correlation between Hip..." Zugegriffen 19. Juni 2023. https://www.researchgate.net/figure/A-Fitted-Line-Plot-showing-the-correlation-between-Hip-Fracture-rates-per-100000-and_fig5_304609076.

37 Martel, Jan, David M. Ojcius, Yun-Fei Ko, Po-Yuan Ke, Cheng-Yeu Wu, Hsin-Hsin Peng, und John D. Young. „Hormetic Effects of Phytochemicals on Health and Longevity". *Trends in Endocrinology and Metabolism: TEM* 30, Nr. 6 (Juni 2019): 335–46. https://doi.org/10.1016/j.tem.2019.04.001.

38 Brazier, Brendan. *Vegan in Topform: der vegane Ernährungsratgeber für Höchstleistungen in Sport und Alltag*. Jubiläumsausgabe, 6. erweiterte Auflage. Kandern: Unimedica, 2020.

39 Bjørnholt, J. V., G. Erikssen, E. Aaser, L. Sandvik, S. Nitter-Hauge, J. Jervell, J. Erikssen, und E. Thaulow. „Fasting Blood Glucose: An Underestimated Risk Factor for Cardiovascular Death. Results from a 22-Year Follow-up of Healthy Nondiabetic Men". *Diabetes Care* 22, Nr. 1 (Januar 1999): 45–49. https://doi.org/10.2337/diacare.22.1.45.

40 O'Keefe, Stephen J.D., Jia V. Li, Leo Lahti, Junhai Ou, Franck Carbonero, Khaled Mohammed, Joram M Posma, u. a. „Fat, Fiber and Cancer Risk in African Americans and Rural Africans". *Nature communications* 6 (28. April 2015): 6342. https://doi.org/10.1038/ncomms7342.

41 Freckmann, Guido, Sven Hagenlocher, Annette Baumstark, Nina Jendrike, Ralph C. Gillen, Katja Rössner, und Cornelia Haug. „Continuous Glucose Profiles in Healthy Subjects under Everyday Life Conditions and after Different Meals". *Journal of Diabetes Science and Technology* 1, Nr. 5 (September 2007): 695–703. https://doi.org/10.1177/193229680700100513.

42 Borror, Andrew, Gabriel Zieff, Claudio Battaglini, und Lee Stoner. „The Effects of Postprandial Exercise on Glucose Control in Individuals with Type 2 Diabetes: A Systematic Review". *Sports Medicine (Auckland, N.Z.)* 48, Nr. 6 (Juni 2018): 1479–91. https://doi.org/10.1007/s40279-018-0864-x.

43 Mitrou, Panayota, Eleni Petsiou, Emilia Papakonstantinou, Eirini Maratou, Vaia Lambadiari, Panayiotis Dimitriadis, Filio Spanoudi, Sotirios A. Raptis, und George Dimitriadis. „Vinegar Consumption Increases Insulin-Stimulated Glucose Uptake by the Forearm Muscle in Humans with Type 2 Diabetes". *Journal of Diabetes Research* 2015 (2015): 175204. https://doi.org/10.1155/2015/175204.

44 hukla, Alpana P., Radu G. Iliescu, Catherine E. Thomas, und Louis J. Aronne. „Food Order Has a Significant Impact on Postprandial Glucose and Insulin Levels". *Diabetes Care* 38, Nr. 7 (Juli 2015): e98–99. https://doi.org/10.2337/dc15-0429.

45 Gentilcore, Diana, Reawika Chaikomin, Karen L. Jones, Antonietta Russo, Christine Feinle-Bisset, Judith M. Wishart, Christopher K. Rayner, und Michael Horowitz. „Effects of Fat on Gastric Emptying of and the Glycemic, Insulin, and Incretin Responses to a Carbohydrate Meal in Type 2 Diabetes". *The Journal of Clinical Endocrinology and Metabolism* 91, Nr. 6 (Juni 2006): 2062–67. https://doi.org/10.1210/jc.2005-2644.

46 Nesti, Lorenzo, Alessandro Mengozzi, und Domenico Tricò. „Impact of Nutrient Type and Sequence on Glucose Tolerance: Physiological Insights and Therapeutic Implications". *Frontiers in Endocrinology* 10 (2019): 144. https://doi.org/10.3389/fendo.2019.00144.

47 Bell, M. C., P. Crowley-Nowick, H. L. Bradlow, D. W. Sepkovic, D. Schmidt-Grimminger, P. Howell, E. J. Mayeaux, A. Tucker, E. A. Turbat-Herrera, und J. M. Mathis. „Placebo-Controlled Trial of Indole-3-Carbinol in the Treatment of CIN". *Gynecologic Oncology* 78, Nr. 2 (August 2000): 123–29. https://doi.org/10.1006/gyno.2000.5847.

48 Pham-Huy, Lien Ai, Hua He, und Chuong Pham-Huy. „Free Radicals, Antioxidants in Disease and Health". *International Journal of Biomedical Science : IJBS* 4, Nr. 2 (Juni 2008): 89–96.

49 Forouzanfar, Fatemeh, Bibi Sedigheh Fazly Bazzaz, und Hossein Hosseinzadeh. „Black cumin (Nigella sativa) and its constituent (thymoquinone): a review on antimicrobial effects". *Iranian Journal of Basic Medical Sciences* 17, Nr. 12 (Dezember 2014): 929–38.

50 Vanhatalo, Anni, Joanna E. L'Heureux, James Kelly, Jamie R. Blackwell, Lee J. Wylie, Jonathan Fulford, Paul G. Winyard, David W. Williams, Mark van der Giezen, und Andrew M. Jones. „Network Analysis of Nitrate-Sensitive Oral Microbiome Reveals Interactions with Cognitive Function and Cardiovascular Health across Dietary Interventions". *Redox Biology* 41 (1. Mai 2021): 101933. https://doi.org/10.1016/j.redox.2021.101933.

51 Kumari, Shivani, Andrew R. Gray, Kirsten Webster, Karl Bailey, Malcolm Reid, Kylie Anne Han Kelvin, Siew Ling Tey, Alexandra Chisholm, und Rachel C. Brown. „Does ‚activating' Nuts Affect Nutrient Bioavailability?" *Food Chemistry* 319 (30. Juli 2020): 126529. https://doi.org/10.1016/j.foodchem.2020.126529.

52 Tamakoshi, Akiko, Koji Tamakoshi, Yingsong Lin, Kiyoko Yagyu, Shogo Kikuchi, und JACC Study Group. „Healthy Lifestyle and Preventable Death: Findings from the Japan Collaborative Cohort (JACC) Study“. *Preventive Medicine* 48, Nr. 5 (Mai 2009): 486–92. https://doi.org/10.1016/j.ypmed.2009.02.017.

53 Gibson, G. R., E. R. Beatty, X. Wang, und J. H. Cummings. „Selective Stimulation of Bifidobacteria in the Human Colon by Oligofructose and Inulin“. *Gastroenterology* 108, Nr. 4 (April 1995): 975–82. https://doi.org/10.1016/0016-5085(95)90192-2.

54 Adriano, Lia Silveira, Ana Paula Dionísio, Fernando Antônio Pinto de Abreu, Antônio Augusto Ferreira Carioca, Guilherme Julião Zocolo, Nedio Jair Wurlitzer, Claudia de Oliveira Pinto, Ariclécio Cunha de Oliveira, und Helena Alves de Carvalho Sampaio. „Yacon Syrup Reduces Postprandial Glycemic Response to Breakfast: A Randomized, Crossover, Double-Blind Clinical Trial“. *Food Research International (Ottawa, Ont.)*

55 William, Anthony. *Medical food: warum Obst und Gemüse als Heilmittel potenter sind als jedes Medikament*. Übersetzt von Jochen Lehner. Deutsche Erstausgabe. München: Arkana, 2017. S. 298

56 William, Anthony. *Medical food: warum Obst und Gemüse als Heilmittel potenter sind als jedes Medikament*. Übersetzt von Jochen Lehner. Deutsche Erstausgabe. München: Arkana, 2017. S. 150

57 Gliszczyńska-Swigło, A., E. Ciska, K. Pawlak-Lemańska, J. Chmielewski, T. Borkowski, und B. Tyrakowska. „Changes in the Content of Health-Promoting Compounds and Antioxidant Activity of Broccoli after Domestic Processing“. *Food Additives and Contaminants* 23, Nr. 11 (November 2006): 1088–98. https://doi.org/10.1080/02652030600887594.

58 Ghavami, Abdollah, W. Andy Coward, und Les J. C. Bluck. „The Effect of Food Preparation on the Bioavailability of Carotenoids from Carrots Using Intrinsic Labelling“. *The British Journal of Nutrition* 107, Nr. 9 (Mai 2012): 1350–66. https://doi.org/10.1017/S000711451100451X.

59 Greger, Michael, und Gene Stone. *How not to die: entdecken Sie Nahrungsmittel, die Ihr Leben verlängern und bewiesenermaßen Krankheiten vorbeugen und heilen*. Übersetzt von Julia Augustin. 12. deutsche Auflage. Kandern: Unimedica, 2021.

60 „ANHUSA-glyphosate-breakfast-study-FINAL.pdf“. Zugegriffen 1. Februar 2023.

61 Calado, Ana, Pedro Miguel Neves, Teresa Santos, und Paula Ravasco. „The Effect of Flaxseed in Breast Cancer: A Literature Review“. *Frontiers in Nutrition* 5 (7. Februar 2018): 4. https://doi.org/10.3389/fnut.2018.00004.

62 Rizvi, Saliha, Syed T. Raza, Faizal Ahmed, Absar Ahmad, Shania Abbas, und Farzana Mahdi. „The Role of Vitamin E in Human Health and Some Diseases“. *Sultan Qaboos University Medical Journal* 14, Nr. 2 (Mai 2014): e157–65.

63 Smith, Rachel. „Top 20 High-Fibre Foods That Will Improve Your Gut Health“. Vegan Food & Living, 3. März 2022. https://www.veganfoodandliving.com/vegan-diet/top-high-fibre-foods-plant-based/.

64 Hong, A Ram, und Sang Wan Kim. „Effects of Resistance Exercise on Bone Health“. *Endocrinology and Metabolism* 33, Nr. 4 (Dezember 2018): 435–44. https://doi.org/10.3803/EnM.2018.33.4.435.

65 Dunn, Elizabeth W., Ashley V. Whillans, Michael I. Norton, und Lara B. Aknin. „Prosocial Spending and Buying Time: Money as a Tool for Increasing Subjective Well-Being“. In *Advances in Experimental Social Psychology*, 61:67–126. Elsevier, 2020. https://doi.org/10.1016/bs.aesp.2019.09.001.

„Work, that's how you get it."

GARY VEE

Ein weiteres Buch von Luke Jaque Rodney

100 werden: Der Darm als Schlüssel zur Gesundheit

In der Fortsetzung seines Spiegel-Bestsellers „100 werden – gesünder, jünger und leistungsfähiger“ fokussiert sich Luke Jaque-Rodney nun auf das Herzstück unserer Gesundheit: den Darm. Mit seinem Wissensschatz in Bezug auf gesunde Ernährung sowie seiner Reiseerfahrung aus Ländern, die für ihre Langlebigkeit bekannt sind – wie Japan, Israel und Taiwan –, offenbart Luke in seinem neuen Werk die Bedeutung der Darmgesundheit für unser Immunsystem, unsere Vitalität und unser Hautbild.

Das Buch vereint Lukes Fachwissen und praktische Rezepte, die speziell entwickelt wurden, um eine gesunde Verdauung zu fördern und unsere Gesundheit zu unterstützen. Jedes der 60 neuen Rezepte ist ein Zeugnis seiner Philosophie: gesundes, ganzheitliches Kochen mit natürlichen Zutaten, das einfach in den Alltag integriert werden kann. Diese Gerichte sind nicht nur nährstoffreich, sondern auch voller Geschmack, sodass gesunde Ernährung zum Genuss wird – ohne Kompromisse. Luke setzt sein Engagement für gesundes Essen fort und teilt diese neuen Einblicke und Rezepte mit seiner wachsenden Social-Media-Community, die bereits über 150.000 Follower zählt.

Mit „100 werden – Der Darm als Schlüssel zur Gesundheit“ erlebst du nicht nur eine Sammlung gesundheitsfördernder Rezepte, sondern auch eine Quelle der Inspiration, die dein Wohlbefinden und deine Lebensqualität nachhaltig bereichern wird. Tauche ein in die Welt des bewussten Kochens und Ernährens und mache deinen Darm zum Verbündeten auf dem Weg zu einem erfüllten, gesunden Leben.

Das Buch finden Sie unter folgenden QR-Codes und überall sonst, wo es Bücher gibt:

https://www.amazon.de/dp/3969673666

https://www.thalia.de/shop/home/artikeldetails/A1070174408

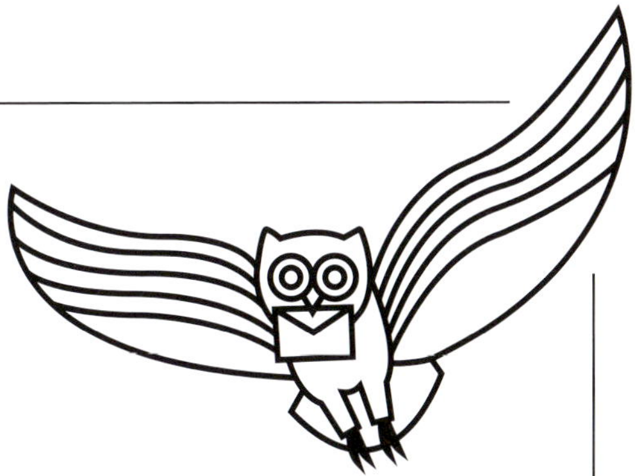

Liebe Leserin, lieber Leser,

hat Ihnen dieses Buch gefallen?
Ihr Feedback, Ihre Anregungen und Ihre Kritik bedeuten uns viel, denn sie helfen uns, unsere Bücher kontinuierlich zu verbessern.

Die Meinung und Zufriedenheit unserer geschätzten Leserinnen und Leser stehen im Mittelpunkt unseres Schaffens. Ihre Gedanken sind uns wichtig.

Zögern Sie daher nicht, uns zu kontaktieren und Ihre Gedanken mit uns zu teilen. Senden Sie uns einfach eine E-Mail an:
feedback@eulogiaverlag.de

Besuchen Sie auch gern unsere Verlagsseite und entdecken Sie weitere spannende Bücher unter:
www.eulogiaverlag.de

Wir sind gespannt auf Ihre Nachricht und freuen uns darauf, von Ihnen zu hören!

Herzlichst, Ihr **Eulogia Verlag**

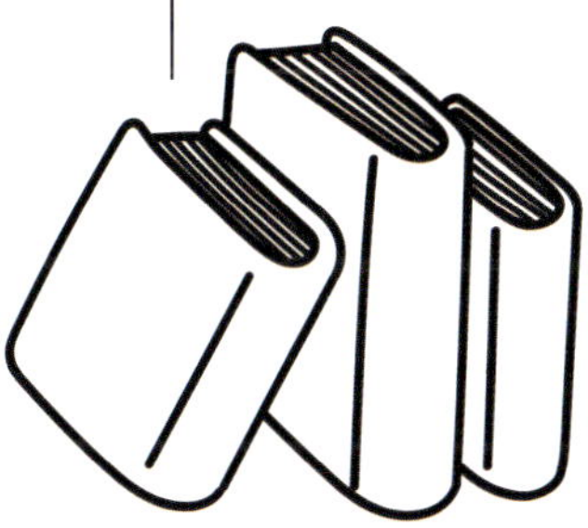